KB130306

리더가 다 잘할 필요는 없다

리더가
다 잘할 필요는
없다 MASTER OF NONE

최고가 되지 않고도 정상에 이르는
9가지 일의 기술

클리퍼드 허드슨 지음
박선령 옮김

갤리온
GALLEON

준비도 없이 리더가 되어버린
당신에게

나는 하루아침에 한 회사의 책임자 자리에 올랐다. 내 전임자는 이사회 회의를 하던 도중 "새 직장으로 데려다줄 비행기가 기다리고 있다"라는 말을 남긴 뒤 떠나버렸고, 이사회실은 충격에 휩싸였다. 나는 그날로 CEO 자리를 인계받았다. 어떤 사람들은 진작부터 나를 차기 CEO로 고려했을지도 모르지만, 나는 CEO가 되려는 계획 같은 것이 전혀 없었다. 그럼에도 바로 승낙했다. "네, 안 될 것 없죠." (여러 가지 이유가 있었지만, 새로운 경험을 할 수 있다는 점이 가장 강력한 이유였다.) 그리고 그 자리에 20년 넘게 머무르게 될지는 더더욱 몰랐다. 나에게 이런 기회가 생길 수 있는지조차 몰랐으니까. 여러분도 공감할 것이다. 지금과 같은 경력을 쌓거나 기회를 얻게 되리라고 누가 예상할 수 있었겠는가?

세상은 빠르게 변하고 조직 구성도 유연해졌다. 과거에는 승진 사다리를 착실히 올라 리더가 되었다면, 요즘에는 어느 날 덜컥 리더가 되는 경우도 많다. 그렇다 보니 자신이 리더로서 잘해낼 수 있을지 고민에 빠지곤 한다. 실제로 많은 리더들이 자신에게 주어진 분야의 전문가로서 방대한 지식과 데이터를 보유하고 능력이 뛰어나야 한다는 압박감을 느끼지만, 사실 그럴 필요 없다.

나 역시 탁월한 전문성이 있어서 CEO 자리를 제안받은 것이 아니었다. 그저 늘 여러 갈래의 길을 열어놓았을 뿐이다. 만약 내가 변호사로서의 경력에만 집중하고 최고재무책임자CFO나 최고운영책임자COO에 도전해볼 용기를 내지 않았더라면, 혹은 새롭게 법학 공부를 시작하지 않고 전공을 살려 쭉 역사학자로 살아왔더라면 내가 얻은 기회는 다른 사람에게 돌아갔을 것이다.

맬컴 글래드웰Malcolm Gladwell은 2009년에 출간한 『아웃라이어』라는 책에서, 개인이 어떤 기술 분야에서 최고의 성과를 달성하려면 1만 시간의 의식적인 훈련이 필요하다는 유명한 주장을 펼쳤다. 글래드웰의 말에 따르면(심리학자 안데르스 에릭손Anders Ericsson이 1993년에 발표한 학술 논문을 인용해), 비틀스나 빌 게이츠 같은 전설적인 인물들이 엄청난 성공을 거둔 것도 '1만 시간 법칙' 덕이다. 그들은 어릴 때부터 탁월한 능력을 드러냈다. 이를테면, 비틀스는 기저귀 차던 시절부터 기타 줄을 튕기고 빌 게이츠는 젖병을 제대로 쥐기도 전에 컴퓨터 키보드를 두드린 수준이다. 과장이 많이 섞였지만 핵심은 분명하다. 시대의 아이콘들은 최소 1만 시간 동안 오롯이 한 가지 기술을 갈고닦아 엄청난 성공을 거두었다는 점이다. 이런 열심과 집중은 분명 중요한 능력이다. 하지만 모두에게 적용되는 성공 전략이라고 보기는 어렵다.

첫째, 1만 시간은 엄청나게 긴 시간이다. 특정한 기술을 하루에 3시간씩 의식적으로 연습한다고 해보자. 객관적으로 계산해볼 때 정말 괜찮은 수준의 숙련도를 갖추기까지 10년은 걸릴 것이다. 어린 시절에 시작한다면 불가능하진 않겠지만, 이미 어떤 분야에서 경력을 쌓고 있다면 평생이 걸릴 수도 있다. 심지어 50세가 넘은 사람에게는 사형선고처럼 들린다.

둘째, 어느 한 가지에만 에너지를 쏟는 삶은 너무나 단조로울 것 같다. 사람들 대부분은 엘리트 공연의 예술성과 정밀성을 인정하지만, 공연자가 그 위치에 도달하기까지 어떤 희생을 치렀는지에 대해서는 거의 생각하지 않는다. 열여덟 살에 금메달을 따기 위해 유년기의 즐거움을 포기하는 것은 아무나 쉽게 할 수 있는 일이 아니다. 여러 심리학자들에 따르면, 올림픽 출전 선수 중 상당수가 금메달에 도전한 뒤에 우울증을 겪는다고 한다. 스포츠 심리학자 스티븐 포텐가Steven Portenga는 CNN과의 인터뷰에서 "올림픽이 끝난 뒤 우울증으로 고생하는 선수들이 얼마나 많은지 놀라울 정도입니다"라며 그 이유에 대해 "올림픽에 출전하거나 메달을 따는 게 자신의 삶에 의미 있는 변화를 안겨주지 않는다는 걸 깨닫기 때문"이라고 설명했다. 단순히 금메달을 따지 못해서가 아니다. 과정에서 큰 희생을 치른 탓도 있다. 한 선수가 무엇을 얼마나 희생했는지는 본인만 정확히 알겠지만, 어느 하나의 목표를 이루기 위해 자기 인생을 송두리째 쏟는다고 생각하면 누구든 불안하지 않겠는가. 정말 성공하기 위해서는 오랜 시간 한 가지에만 전

넘하며 다른 우선순위를 포기해야 할까? 그게 오늘 여러분이 던져야 하는 중요한 질문이다.

이를 통해 세 번째 생각을 하게 되었다. '숙달은 꼭 필요한가? 반드시 어느 하나에 정통한 전문가가 되어야 조직을 성공으로 이끌 수 있는가?' 내 경험상으로는 분명히 아니다. 사실 다른 사람들도 대부분 마찬가지일 것이다. 성공한 사람들은 보통 사람보다 특정 주제와 기술에 대해서 많이 알거나 평균보다 뛰어난 능력을 가지고 있다. 그러나 그래야만 리더로서 성공할 수 있다는 것은 과장된 신화이다. 우리는 대부분 매우 불안정한 환경에서 일한다. 이번 주에 발휘한 전문 지식이 다음 주에는 중요도가 많이 떨어질 수도 있다. 상당히 역설적이긴 하지만, 지금 세상에서 더 중요한 것은 위기 대처 능력이나 혁신 역량이다.

우리는 남은 생애 동안 특정한 직업군 안에서 인생을 즐기고 번창하게 될 거라고 믿으며 대학 강의실에서 4년 혹은 그 이상의 시간을 보낸다. 그런데 20대 중반쯤에 접어들었을 때 나는 집중과 전문화 쪽으로 우리를 끌어당기는 세간의 믿음에 대해 의심이 들기 시작했다.

많은 이들이 성공을 추구하면서 거는 이 한정적인 내기를 생각해보라. 이건 100년 넘게 지속되어온 사고방식에 기초한 것이다. 1900년대 초, 농업 일자리가 감소하고 헨리 포드Henry Ford의 조립라인이 미국 내의 산업 일자리 수를 늘리면서 미세조정fine-tuning 전략이 확산되기 시작했다. 공장 일자리가 많아지고 모두의 마음속에 진보의 개념이 자리 잡자 미국에서는 개인이 일찍부터 원하는 산업과 기술을 선택하고 장기적인 경력을 쌓기 위한 훈련을 받을 수 있는 교육 시스템이 가동되기 시작했다. 정밀한 기술의 대가로 안정을 보장한다는 약속을 받아들인 이들에게 가장 광범위한 기회가 찾아왔다. 통일성과 일관성, 효율성이 중요시되었다. 대부분의 기업은 적절한 프로토콜을 통한 발전과 그걸 따르는 적절한 인력을 원했다. 이런 시기를 거쳐온 우리 조부모 세대가 우리 부모들을 가르쳤고 그들의 사고방식은 우리 세대까지 이어져 왔다. 그래서 오늘날에도 여전히 한 가지 길에 집중하면서 계속 개선해나가는 게 최선이라고 생각하는 이들이 많은 것이다.

문제는, 지난 세기에 많은 것들이 변했다는 것이다.

오늘날의 변덕스러운 환경 문제에 대해서는 나중에 얘기하도록 하겠다. 여기서는 집중과 미세조정이라는 지배적인 개념이 더 이상 성공을 위한 최선의 방법이 아닐 수도 있다고만 말해두겠다. 분명 가장 흥미롭거나 즐거운 방법은 아니다. 그리고 내가 택한 길도 아니다.

망설임 없이 소닉의 대표직 제안을 받아들이고 20년간 머무른 이유는 다양한 걸 좋아하는 성격과 끊임없이 확장된 호기심 때문이다. 나는 어릴 때부터 호기심 많은 아이였다. 살면서 어떤 길을 선택해야 한다거나 거기 집중해야 한다는 생각을 하지 않았다. 보통의 아이들처럼 커서 뭐가 되고 싶은지(프로야구 선수, 정치인, 유명한 음악가 등) 생각은 했지만 무언가 하나의 길을 확실히 결정해야 한다는 압박감을 전혀 느끼지 않았다. 한마디로 '~해야만 한다'는 말을 들은 적이 없다. 대신 내가 원하는 걸 얻는 데 가장 효과적인 장치인 다양성에 모든 걸 맡겼다. 다양한 걸 추구하다 보니 항상 삶이 흥미로웠고 스토리텔링의 힘을 갖게 되었으며 운동선수, 밴드 동료, 괴짜, 여러 조직의 리더 등 다양한 부류의 사람들이 주변에 많아졌다.

특정 분야의 전문가로 인정받을 때의 전율도 매력적이긴 하지만, 내 생각에 인생은 한 가지에만 오래 집중하기에는 너무 짧고 또 너무 흥미롭다. 봐야 할 것, 해야 할 것, 되어야 할 것이 너무나도 많다. 게다가 매일 같은 길만 응시하다 보면 지루해질 수밖에 없다. 물론 나는 항상 여기저기에 관심이 많은 사람이기에 경험해본 적이 없어 잘은 모르지만 말이다.

오늘날에는 하나에 얽매이지 않는 사람이 개인적으로나 회사 생활에서나 더 유리하다고 생각한다. 다양한 방식, 공유 리더십, 불안정성, 혁신이야말로 성공으로 가는 길을 열어주고 삶에 생기를 안겨준다. 적어도 이 책에서 소개하는 내 이야기와 거기 배어 있는 교훈을 계기로 더 큰 직업적 성공과 성취를 위한 길을 가기 위해 반드시 일반적인 통념을 따를 필요는 없음을 확신하게 되길 바란다.

어떤 사람은 내 접근 방식을 타당한 전략이라고 생각하지 않을 수도 있다. 어쩌면 쉽게 산만해지고, 충동적이고, 금세 딴 데 정신이 팔리는 성격이라고 평가할 수도 있다. 하지만 결과적으로 내 인생에 모험과 기회, 즐거움이 부족한 적이 없었다는 것은 분명하다. 여기에 경제적 부는 덤이다.

내가 말하려는 요점은 이것이다. 어떤 일에서 최고가 되거나 최고들 중 한 명으로 간주되는 건 기쁜 일이다. 그러나 너무 협소한 부분에만 초점을 맞추다 보면 그 자체로 위험할 수 있다. 특히 요즘처럼 일의 성격과 그 일을 하는 데 필요한 기술이 끊임없이 바뀌는 기술 중심의 환경에서는 훨씬 더 그렇다. 그러려면 전문성을 갖춰야 할 분야도 너무 많아진다. 한 조직의 리더가 그런 생각을 가진다면 유연함이나 탄력성을 갖추기가 더 어려워진다.

그런 점에서 전문 지식에 과도하게 투자하는 건 무엇에나 적응하는 법을 배우고 항상 배우는 입장으로 지내는 것보다 더 위험한 경우가 많다. 여러분이 미친 과학자처럼 무언가에 완전히 빠져서 지치지 않고 몰두할 수 있다면 모를까. 실제로는 그러지 못하는 사람이 대부분이다. 그럼에도 많은 사람들이 1만 시간을 투자해 탁월한 경지에 이른다는 비전을 너무 과대평가하고 있다.

노벨상 수상자인 대니얼 카너먼Daniel Kahneman과 리처드 탈러 Richard Thaler 같은 최고의 행동경제학자들의 최근 연구 결과는 자기 일에 수많은 시간을 투자한 산업 전문가들은 스스로의 능력을 과신하기 쉽다는 걸 보여준다. 이를테면 주택 시장 동향을 예측하거나 어떤 대학 축구 선수가 NFL 드래프트의 첫 번째 라운드에서 선발될 가치가 있는지 평가할 때 아마추어와 크게 다르지 않은 실력을 보였다.

프란스 요한손Frans Johansson은 『클릭 모먼트』라는 책에서 이렇게 주장했다. "통계학이나 이론적인 관점에서 보면 의식적인 훈련이 중요하다는 건 분명한 사실이다. 다만 지금까지 주장된 것보다 덜 중요할 뿐이다." 그러니까 전문 지식의 가치를 부풀려서 말하는 경우가 많다는 얘기다. 우리들 대부분은 원하는 삶을 이루는 데 그런 훈련이 필요 없다. 때때로 성공은 상상했던 것보다 적은 집중력과 희생을 요구하기도 한다.

내 경험에 비추어 볼 때, 장기적으로 가장 중요한 건 최대한 많은 나날을 즐기면서 폭넓고 다양한 분야에 뛰어들어보는 것이다. 이는 자기 삶에 다양성을 받아들이고 더 많은 걸 시도하면서 유연해지는 습관을 들이면 가능하다. 다 잘할 필요도 없다. 굳이 뭔가를 숙달하거나 모든 일에 열과 성을 다할 필요가 없다. 대신 더 자주 배우고, 시야를 넓히고, 그 과정에서 훨씬 많은 재미를 느끼게 될 것이다. 요컨대 진짜 삶을 살기 시작하는 것이다.

나는 회사를 운영하면서도 언제나 다른 관심사가 많았다. 밴드 음악을 했고, 역사에 매료되었으며, 공교육 문제 해결에 열심이었고, 새로운 도시와 국가를 방문하는 모험을 즐겼다. 여러분에게도 다른 관심사가 있지 않은가? 그럴 계획은 없었지만, 내가 20년 넘게 CEO 자리를 지키며 회사를 성장시킬 수 있었던 건 이런 산만함과 비전문성 덕분이나 다름없다. 나의 방식이 다른 방식보다 성공하는 데 더 효과적이라고 여러분을 설득할 수는 없다. 하지만 고삐를 늦추고 다양한 길을 배회하는 사람에게도 성공과 행복을 위한 기회가 많이 찾아온다고는 말해줄 수 있다. 다양성은 인생의 단순한 흥밋거리가 아니다. 어쩌면 우리가 이제부터 적극적으로 활용해볼 수 있는 전략이다.

언제 어디에서 어떤 역할을 부여받을지 모르는 세상에서 중요한 것은 무조건 뛰어난 능력을 갖추려고 애쓰는 것이 아니라 뛰어난 능력 없이도 위기를 돌파하고, 잠재력을 끌어올리고, 일과 삶의 혁신을 일으키는 것이다. 이 책을 통해 여러분이 특별히 잘하는 것이 없어도, 다 잘해내려 인생을 쥐어짜지 않고도 충분히 누릴 수 있는 진정한 성공의 가치를 깨달을 수 있게 되길 바란다.

차례

1장

세상은
언제나
변화하는
중이다

혼돈과 격변의 시대를 살다

◇◇◇◇◇

내가 특정 수술에 능숙한 의사가 될 수 있다면 관련 환자들이 몰릴 것이고, 아주 특수한 상법 전문 변호사라면 해당 분야에서 도움이 필요한 사람은 다들 날 찾아올 것이다. 우리는 보통 어떤 한 분야에서의 전문성이 안정적인 삶을 가져온다고 믿는다. 그러니 전문성을 기르는 것을 마다할 사람이 있겠는가? 수요가 많거나, 적어도 외부에서 그렇게 여겨지는 곳에는 항상 그 분야의 전문가들이 있다. 그리고 우리는 그들이 지닌 안정성을 갈망한다. 단순한 재정적 안정을 넘어 관계적이고 감정적이고 정신적인 안정 말이다.

아주 오래 전 우리의 옛 조상들은 미래에 대한 보장을 중요하게 생각했다. 당시 미래가 보장된다는 것은 곧 생존과 직결되는 문제였다. 즉, 음식과 물이 지속적으로 공급되고 기후가 안정적으로 유지되면 더 오래 살 수 있다는 뜻이었다. 이런 삶의 안정과 미래 보장에 대한 본능적인 욕구는 여전히 우리가 어떤 일을 하는 목적이 되고 있다.

그런데 한 가지 일을 오랫동안 깊이 파고든 전문가는 안정적인 삶을 산다는 사람들의 믿음이 틀렸다면 어떨까? 심지어 그걸 추구하는 것이 시간 낭비라면?

나는 60년대에 성장기를 거치며 한 가지 일의 전문가가 되는 길의 위험성을 일찌감치 깨달았다. 1969년 8월 전 세계가 일대 혼란에 빠진 것처럼 보였다. 당시 상황이 얼마나 지옥 같았는지, 청소년들을 얼마나 불안하게 만들었는지 요즘 사람들이 이해할 수 있을지 모르겠다. 1968년 4월 마틴 루서 킹 주니어Martin Luther King, Jr.가 멤피스의 로레인 호텔 3층 객실 발코니에서 암살당했다. 두 달 뒤, 로버트 케네디Robert Kennedy가 캘리포니아주 로스앤젤레스의 앰배서더 호텔에서 치명적인 부상을 입었다. 이 두 사건은 1963년 11월에 존 F. 케네디 대통령John F. Kennedy이 암살된 지 불과 몇 년 만에 벌어졌다. 한마디로 1960년대는 언제든 끔찍한 사건이 일어날 수 있는 시기였다. 전국 곳곳에서 인종 평등을 외치는 행진이 시작되었고, 미국은 결코 끝나지 않을 것 같은 혼란스러운 갈등이 벌어지고 있는 베트남의 참호에 깊이 빠져 있었다.

이런 역사적 혼란 속에서, 내 쌍둥이 누이와 나는 오클라호마시티에 있는 노스웨스트 클라센고등학교에 입학했다. 1966년 아버지 사업이 망하면서 집을 잃은 우리 가족은 오클라호마시티로 이사했다. 1969년은 오클라호마시티가 공립학교에서 인종 차별 정책을 철폐하기 시작한 해였고, 인종 차별 철폐가 가장 활발히 진행 중인 고등학교 한복판으로 밀려들어가게 된 나의 고등학교 생활은 평탄하지 않았다. 학교 안팎의 분위기는 험악했고, 차별 철폐가 실수임이 곧 입증될 거라는 게 우리 지역사회의 지배적인 태도였다. 학교에 차별 철폐를 명령한 연방법관을 닮은 모형을 만들어 불태우기도 하고 도로 위를 가로지르는 다리에 매달아놓기도 했다. 우리 가족, 특히 부모님은 차별 철폐를 지지하는 목소리를 냈기 때문에 법관 모형을 불태웠다는 얘기를 들었을 때 나는 우리 가족이 무사하기만을 바랐다.

등교한 첫날, 역사 수업을 들으러 교실로 향하는데 주변 상황이 긴박했다. 주차장과 교문 밖, 복도 곳곳에 경찰과 보안관이 있었다. 피부가 검은 아이들과 흰 아이들은 경찰관과 서로를 의심스러운 눈빛으로 쳐다봤다. 며칠 뒤, 나는 우리 학교 역사 선생님 중에 민권의 아이콘인 클라라 매이 루퍼Clara Mae Luper가 있다는 걸 알게 되었다. 루퍼는 당시 오클라호마시티에서 벌어진 모든 일에서 가장 중요한 역할을 한 사람이다. 고등학교는 인종 분리주의 정책을 쓰는 학교에 다녔지만 졸업한 뒤 오클라호마대학교 역사학과에 입학한 최초의 아프리카계 미국인이다. 그리고 오클라호마주에서 시민권 운동을 주도한 지도자들 중 한 명으로서 초기의 연좌농성을 이끌었다. 루퍼 같은 이들의 노력 덕분에 아프리카계 미국인들은 60년대 중반까지 오클라호마에 있는 모든 공공시설(식당, 화장실, 버스 등)의 통합을 추진할 수 있었다.[1] 그녀는 오클라호마 학교들을 통합하기 위해서도 열심히 싸웠다. 나는 내가 역사책 속에 살고 있는지 몰랐다.

고통스러운 성장통을 겪고 있는 건 공립학교 제도뿐만이 아니었다. 우리 부모님도 60년대에 큰 변화를 겪었는데, 특히 개인의 권리와 자유를 바라보는 시각이 많이 달라졌다. 부모님의 달라진 견해 때문에 우리는 종종 불친절하고 공격적인 인종 차별주의 문화와 정반대 입장에 서게 되었다. 평생 공화당원으로 살던 우리 어머니와 아버지가 휴버트 험프리Hubert Humphrey, 1968년에 미 대선 후보로 나선 민주당 정치인—옮긴이를 대통령 후보로 지지하고 민주당원으로 등록까지 했다. 부모님은 민권에 대해 확고한 생각을 갖고 있었다.

어머니는 오클라호마시티에서 교사로 일했다. 교외에 있는 특권층을 위한 학교를 택하지 않고, 도시 동쪽에 있는 흑인들만 다니는 초등학교의 백인 교사로 일했다. 어머니는 우리 고등학교에서 인종 차별 철폐가 진행되는 동안 나와 누이가 겪은 일에 예민하게 반응했고, 부모님은 계속해서 차별 철폐를 지지하는 목소리를 내겠다고 결심했다.

그 기간 동안 부모님이 어떻게 행동하는지 보면서 인내심과 끈기, 외교적인 태도와 빠른 상황 판단, 그리고 올바른 사람들과 동맹을 맺는 게 얼마나 중요한지 많이 배웠다. 사실 부모님은 어떤 결과가 생기더라도 내가 중요하다고 생각하는 걸 지지하는 방법도 가르쳐주었다.

세상은 언제나 끊임없이 변한다는 사실을 깨닫기 시작한 게 그 무렵이었을 것이다. 갑작스런 변화에 혼란스러울 때 가장 안전하고 확실한 방법은 닻을 내려서 흔들리는 배를 안정시키는 게 아니라 파도에서 벗어날 최선의 방법을 찾는 것이다. 세상에 변하지 않는 건 아무것도 없다는 걸 깨달으면 앞으로 다가올 잠재적인 변화에 적응해나갈 수 있다.

난생 처음 맡은 리더

◇◇◇◇◇◇

노스웨스트 클라센고등학교에서 보낸 4년은 인생 전체에 지대한 영향을 미쳤다. 독특한 경험, 발달된 가치관, 당시에 쌓은 우정, 젊은 리더로서의 발전이 나를 다른 길로 인도했고 살아가는 내내 많은 도움을 주었다.

고등학교에 입학하기 직전에 오클라호마시티로 이사했기 때문에 친한 친구도 없었고, 지역사회 전체에 들끓고 있는 인종적, 정치적 긴장 속에서 그 학교의 무리들 중 누구와 어울려야 하는지도 몰랐다.

1학년 때의 어느 날, 정말 훌륭한 교사인 래리 모트Larry Mott와 오필리아 바이어스Ophelia Byers 선생님에게 평소처럼 역사 수업을 받고 있었다. (50년이 지난 지금도 프레젠테이션 준비를 할 때마다 그들이 가르쳐준 개요 정리법을 사용한다.) 그때 교실 밖 복도에서 한 무리의 학생들 사이에 추악한 싸움이 벌어졌다. 교실에 있던 남학생 몇 명이 문 쪽으로 향했지만, 당시 65세가 넘은 바이어스 선생님이 가녀린 몸으로 문을 가로막으면서 "너희는 아무데도 못 가! 자리에 앉아!"라고 말씀하셨다. 정말 다행이었다. 교실 밖에서 벌어진 끔찍한 싸움에서 한 학생이 칼에 가슴을 찔리기까지 했기 때문이다. 그 학생은 급히 병원으로 이송되어 목숨을 건졌지만, 그날의 파장은 계속 우리 곁에 남아 있었다. 이렇게 우리는 학교 복도에서조차 안전하지 않았다. 나도 방심하지 않고 경계 상태를 유지하고 있었지만, 그날 일이 벌어졌을 때 문으로 달려가지는 않았다. 항상 모든 일에 대비해야 하지만, 감정이 고조된 상태로 함부로 일에 뛰어들어선 안 된다는 것을 부모님으로부터 배웠기 때문이다.

하지만 그날 이후 많은 학부모, 특히 백인 부모들의 행동은 그렇지 않았다. 그들은 그전에도 형편없이 행동했지만 이제는 노골적으로 분노를 드러냈다. 학부모들은 행정팀에 전화해 면담을 요청하고 단체로 학교에 찾아와서 책임자와의 대화를 요구하기 시작했다. 몇 달 동안은 교무실이나 주차장 앞을 지날 때면 언성을 높이는 어른들의 목소리가 거의 매번 들렸고, 가끔은 교실에서도 학부모들이 큰 소리로 난동을 피웠다. 어른들이 그런 식으로 행동하는 걸 다시 목격한 건 몇 년이나 지난 뒤의 일이다. 극도로 불안한 상황에서 우리 부모님과 너무 대조적인 태도를 보자 어떤 욕망이 꿈틀거리기 시작했다.

1학년을 마칠 무렵에 학생 총회가 열렸고, 그 자리에는 이듬해 총학생회장 선거에 출마한 후보 4명이 나와 있었다. 나는 어떤 학생이든 선거를 통해 동료 학생들의 신임 투표를 받을 수 있을 뿐 아니라 그들과의 신뢰를 지키고 모든 학생을 위해 좋은 결정을 내려야 하는 책임을 얻을 수 있다는 공정성에 매료되었다. 학생 총회에 앉아 있던 바로 그 순간, 다음 총회 때는 내가 저 무대에 서야겠다고 결심했다.

그래서 곧장 2학년 때 학생회 선거에 출마할 계획을 세우고 2학년 부회장 후보로 나갔다. 왜 부회장이었냐고? 회장으로 입후보한 사람은 5~6명이나 되는 반면 부회장 후보는 아무도 없었기 때문이다. 그 덕분에 나는 경쟁자 없이 선거에서 이겼다.

3학년이 다가오면서, 3학년 학급 회장들이 모두 학생회장에 출마했다가 낙선하는 모습을 봤다. 학생회장은 3, 4학년이 참가하는 학년말 댄스파티 후원을 위해 모금해야 하는 부담 때문에 학생들이 별로 신뢰하지 않는 듯했다. 나는 이렇게 신뢰감 부족으로 낙선하는 일은 미연에 방지해야겠다고 다짐했다.

그 무렵, 인종간의 긴장을 완화하고 다양한 인종의 참여와 이해를 증진시키기 위해 노력하는 학생 모임인 인간관계클럽의 회장 선거에 출마해보라는 권유를 받았다. 꽤 괜찮은 조직 같았고 또 친구 관계의 폭을 넓힐 좋은 방법인 듯했다. 내 예상은 둘 다 맞았다. 나는 또 공립학교 제도를 훼손하려는 일부 후원자들의 인종차별 폐지 반대 노력에 맞서서 학교채 투표가 가결되도록 학생들이 도시 전체에서 주도한 KOSOKeep Our Schools Open운동에도 공개적으로 참여했다. (KOSO가 은행에 전화를 걸고, 기자회견을 열고, 우편물을 발송하는 등 다양한 활동을 벌인 덕에 학교채 투표는 가결되었다.)

3학년이 끝날 무렵에 열린 학생 총회에서는 드디어 무대에 올라가서 학생들에게 나를 학생회장으로 뽑아달라고 호소했다. 나는 성이 화이트White인 흑인 학생 둘과 데이비드 하트David Hart라는 학생과 경쟁했는데, 첫 번째 무기명 투표에서 56퍼센트의 표를 얻어 결선 투표 없이 당선되었다.

학생회장으로 활동하며 처음으로 리더십 경험을 쌓을 수 있었다. 그해 내내 팀을 꾸리고 목표를 정하고 다양성을 존중하면서 많은 학생들을 이끌고 여러 가지 활동을 진행했다. 함께 선출된 학생회 임원과 학생 그룹에는 다양한 성장 배경과 민족적 뿌리를 지닌 학생들이 속해 있었다. (학생회에서 회계 담당이었던 아프리카계 미국인 여학생은 현재 자신의 전문 역량을 발휘해 내 자산 관리를 도와주고 있다.) 그보다 더 특별한 경험은 도시 전체의 공립 고등학교 학생회장들을 규합해서, 학생들이 부모의 간섭 없이 학교에서 어려움을 해결할 수 있게 해달라고 학부모들에게 공개적으로 호소하는 자리를 마련한 것이다. 이 기자회견은 다음날 신문 1면에 실렸다.

졸업할 무렵에는 입학할 때보다 많이 성숙하고 성장해 있었다. 문제를 해결할 때뿐만 아니라 긍정적인 발전을 이룰 때도 다양한 의견과 배경을 가진 사람들을 한데 모으는 게 중요하다는 걸 깨닫게 되었다. 고작 학생회장 활동 하나가 인생 전체에 얼마나 큰 영향을 끼칠까 의문을 가지는 사람이 있을 수도 있겠다. 나 역시 그 당시부터 지금과 같은 삶을 계획한 건 아니었다. 어쩌다 보니 처음 리더의 역할을 맡았고, 이것은 학창시절의 여러 경험 중 하나일 뿐이라고 생각했다. 그러나 나는 학생회장 활동을 하며 터득한 리더십 기술이 내 인생에 얼마나 큰 도움을 주고 있는지 시간이 흐른 뒤에야 제대로 이해하고 그에 감사하고 있다.

신념을 택한 부모님의 용기

◇◇◇◇◇

가족들 가운데 교육과 지역사회 문제에 깊이 관여한 사람은 어머니뿐만이 아니었다. 아버지도 기회가 오자 곧바로 뛰어들었다.

당시 루서 보해넌Luther Bohanon이라는 판사가 10년 동안 크게 논란이 된 학교 인종 차별 폐지 사건인 도웰Dowell 대 오클라호마시티 공립학교 교육 위원회 사건을 다루고 있었다. 보해넌은 오클라호마시티 공립학교 교육구가 여론과 달리 이중 교육 시스템을 운영하고 있다는 사실을 밝혀냈다. 동쪽에 있는 학교에는 가난한 소수인종 학생들만 보내고 서쪽에 있는 학교에는 백인들만 다니게 했으며 북서부 지역에 있는 학교에는 우수한 장비를 제공했는데, 이는 미국수정헌법 제14조 평등보호 조항을 위배하는 행동이다. 내가 고등학교에 입학하고 몇 년 뒤, 보해넌은 여러 인종의 아이들이 함께 공부할 수 있도록 관할 교육구의 다양한 지역에 사는 아이들을 다른 지역으로 통학시킬 계획을 세우라고 명령했다. 이는 기본적으로 오클라호마시티 공립학교 시스템에서 인종 차별을 폐지하는 최종적인 조치였다.[2]

여러분도 능히 짐작하겠지만, 지역사회에서는 이 명령을 곱게 받아들이지 않았다. 여러 해 뒤에, 나는 루서 보해넌 판사의 아들이자 연방판사인 리처드 보해넌Richard Bohanon과 친해졌다. 리처드는 60년대 후반과 70년대 초반에 벌어진 사건들이 자신의 아버지에게 미친 낙인 효과를 설명했다. 그의 말에 따르면, 루서 보해넌 판사는 관할 교육구에서 인종 차별을 폐지하라고 명한 뒤부터 원래 다니던 교회에도 잘 못 나갔다고 한다. 보해넌의 결정에 사람들의 감정이 몹시 격해졌기 때문이다.

내가 고등학교에 입학할 무렵, 보해넌 판사와 그의 치안판사는 두 인종 위원회라는 위원회를 조직했다. 이는 인종 차별 폐지의 충격, 그것이 도시에 미치는 영향, 이를 계속 추진하는 방법 등과 관련해 보통 사람의 견해를 전하는 것에 관심 있는 시민들의 모임이었다. 이 모임은 예측치를 다변화하고 변화에 필연적으로 수반되는 불안정성에 대한 계획을 세우기 위한 자리이기도 하다. 전문지식이 한 사람 손에만 쥐어 있는 게 아니라 집단 사이에 널리 분포되어 있다는 믿음에 기초한 것이다. 보해넌 판사는 이 상황에 대한 선입견을 내세우는 이들과 맞서 싸우면서 어떻게든 자기 계획을 관철시켰을 수도 있다. 하지만 보해넌 판사와 치안판사는 그러지 않았다. 이들은 불안정한 시대에 대처할 준비를 하면서 그에 앞서나가길 바라는 마음으로 이 패널들을 모았고, 공동체 구성원들에게 기회를 주면 그들도 고려하고 실천할 가치가 있는 아이디어를 내놓을 거라는 희망을 품었다.

보해넌 판사는 지역사회 사람들에게 패널로 참가할 의향이 있으면 자원해서 봉사해달라고 요청했다. 패널로 참여한다는 건 상당한 헌신이 필요한 일이었다. 정확한 참여 기간은 기억이 안 나지만 꽤 많은 시간을 투자해야 했고, 또 당시 세간의 관심이 쏟아지고 있었기 때문이다. 인종에 따라 분리된 학군을 유지하는 걸 지지하는 이들은 패널로 참여한 사람들을 인종 차별 철폐의 열렬한 지지자, 즉 자신들의 가장 큰 적으로 여겼다. 그런 모든 상황에도 불구하고 판사는 기꺼이 자원봉사를 하겠다는 사람들을 많이 확보했다. 우리 아버지도 그중 한 사람이었다. 난 아버지가 민간 부문에서 일하면서 기꺼이 그런 위원회에 참여하려고 했던 몇 안 되는 백인 남성 중 한 명이었다고 생각한다(사업가들은 그런 논란에 휩싸여서 좋을 것이 없다). 그래서 판사는 아버지를 패널로 선정했을 뿐만 아니라 단체 회장으로도 임명했다.

우리 부모님은 안정을 추구하거나 받아들이는 사람들은 분명 아니었다. 만약 그랬다면 도시의 공립학교 구역에서 벗어나 다른 곳으로 이사하거나 우리를 사립학교에 넣었을 것이다. 혹은 자녀들에게 고개를 푹 숙이고 목소리를 내지 않으며 최대한 순조롭게 그 시절을 보내라고 가르칠 수도 있었을 것이다. 하지만 그렇게 하지 않았다. 부모님은 자신들의 신념에 따라 위험한 상황을 자청하면서 다가올 불안정에 대비했다.

매일 우리 형제자매가 학교에서 돌아온 뒤에 벌이는 토론은 스포츠나 사소한 문제에 관한 게 아니었다. 거의 매일 밤 정치 문제나 분리주의 정책을 고수하는 학교에서 어머니가 직접 목격한 사건, 아버지가 두 인종 위원회에서 처리한 논란거리에 관해 이야기했다. 당시 벌어지고 있던 일에 대해서는 매우 다양한 시각이 존재했다. 몇 달이 지나도 상황은 나아지지 않았고, 인종 차별을 뿌리 뽑으려는 시의 노력은 계속해서 문제에 봉착했다.

내가 1학년 때 우리 학교가 예전부터 숙적이던 학교와 농구 경기를 하게 되었는데, 그 학교는 전교생이 아프리카계 미국인인 도심 지역 학교였다. 경기는 상대팀 학교에서 열렸고 나는 친구 4명과 함께 시합날 밤에 그 학교로 갔다. 인종 차별 정책을 철폐한 우리 학교 농구팀이 경기에서 이기는 바람에 두 학교 학생 10여 명이 주차장에서 싸움을 벌였다. 나와 친구들은 뿔뿔이 흩어져 주변에서 벌어지는 싸움을 피하려고 자동차 뒤에 숨어 있었다. 나는 우리가 타고 온 폭스바겐 쪽으로 몰래 다가갔다. 차 안에 있던 운전자가 잠겨 있던 문을 열고 서두르라며 손짓하는 모습을 보고는 얼른 차에 뛰어 탔다. 우리 5명 가운데 다치지 않고 빠져나온 사람은 나뿐이었다. 뒤늦게 현장을 빠져나온 다른 친구들이 차에 올랐을 때 나는 친구 2명이 두들겨 맞고 1명은 등을 칼에 찔렸다는 걸 알게 됐다. 칼에 찔린 친구는 다른 사람 차에 실려 병원으로 옮겨졌다. 어떻게든 빠져나갈 생각만 했던 난 그때 그런 사실도 몰랐다. 우리는 그 자리를 떠났다. 당시 우리 주변에서는 격변이 진행되고 있었고, 이런 상황이 내 성격과 세계관에 지대한 영향을 끼쳤다. 그 시절은 지속적인 진화와 변화의 삶을 살도록 날 길들였다.

하지만 나는 이런 환경에서도 잘 자랐다. 혼란 속에서도 원하는게 있으면 열과 성을 다해 덤비는 도전 정신이 강했다. 왜 그런 건지는 잘 모르겠다. 어쩌면 막내였기 때문이었을지도 모른다. 아니면 부모님의 폭넓은 관심사 때문에 다방면에 걸친 취향이 생겨서 일지도 모른다. 평소 한 가지 일에 오래 집중하지 못하고 새로운 화제를 통해 자극을 얻는 것을 즐기는 성격으로 볼 때, 부모님으로부터 큰 영향을 받았음은 분명하다. 부모님은 교육, 음악, 정치에 두루 관심을 갖고 언제나 다양한 주제로 우리와 얘기를 나누었고, 나는 부모님이 각계각층의 사람들과 교류하는 모습을 지켜보며 다양한 세계와 연결되는 것의 가치와 즐거움을 알게 되었다.

모든 일이 그렇듯 이러한 사회적 태도를 고수하는 데에는 대가가 따랐다. 아버지는 사회적 압력을 겪으며 배척당했다. 오클라호마시티에는 인종 분리를 위해 열심히 싸우고, 아이들을 인종에 따라 분리시키기 위해 더 오랫동안 투쟁해야 한다고 생각하는 이들이 많았다. 그들은 백인 아이들과 흑인 아이들을 함께 공부시키면 우리가 알고 있던 모든 게 끝난다고 생각했다. 이와 반대편에 선 아버지의 견해는 여러 가지 면에서 그들에게 두려움과 걱정, 편견을 확대하며 위협이 되었다.

심지어 내가 4학년 때 학생회장에 출마하자, 학부모회PTA 회장이 자기 아들에게 시켜 우리 학교 아이들이 나를 뽑지 않도록 분위기를 조장했다. 내가 학생회장이 되면 우리 학교에서 인종 차별 정책을 철폐하기 위해 더 노력할 거라는 우려 때문이다. 교장 선생님도 비슷한 걱정을 품고 있었다. 학생회장 자리를 놓고 후보 4명이 겨루게 되자, 교장은 내가 패배할 가능성을 높이기 위해 나의 가장 막강한 경쟁 상대로 보이는 다른 후보에게 은밀히 접근해서 선거 자금을 사용할 수 있는 최선의 전략을 코치했다. 교장은 내가 선거운동 기간에 쓸 수 있는 돈을 이미 다 썼다는 걸 알고 있었다. 그는 다른 후보에게 혹시 나와 결선투표를 하게 될 경우를 대비해 돈을 좀 아껴서 그때 쓸 돈을 남겨두라고 말했다.

이 모든 방해에도 불구하고 나는 학생회장으로 당선되었다. 내가 혹시 대중 선동가처럼 행동할까 봐 걱정한 교장은 한동안 나를 지켜본 후 다양한 편에 속한 사람들과 잘 협력하는 모습을 보고 마음을 놓았다고 말했다. 부모님에게 배운 협상 기술과 투명성이 깊은 인상을 남겼다. 그 외에도 나는 학생회장으로 일하는 동안 부모님이 가르쳐준 것들을 실천할 수 있었다. 불안정한 시기를 헤쳐나가는 힘은 어린 나이에 배울 수 있는 중요한 기술이다. 그리고 어른이 된 뒤에 그 기술을 효율적으로 활용하는 건 더 중요하다.

넬슨 만델라가 석방을 거부한 이유

◇◇◇◇◇◇

두 인종 위원회에서 자신의 의지를 관철하는 아버지, 도심 학교의 학생들을 대신해 그들을 옹호하는 어머니, 인내심을 갖고 1960년대의 지뢰밭을 헤쳐나가던 보해넌 판사의 공통점은 무엇일까? 바로 신념이다. 내 삶에(그리고 아마 세상에) 가장 큰 영향을 미친 사람들은 뭔가를 너무나 열정적으로 믿으면서 거기에 뿌리를 내린 이들이다. 그 뿌리가 땅속 깊이 파고들어 그들을 똑바로 서게 만들고 영양을 공급해준다. 부모님과 보해넌 판사는 불안정할 수밖에 없는 이 세상에서 우리가 가진 최고의 희망은 자신의 직감과 지성, 믿음, 용기, 결단력, 자기 기대를 바탕으로 이루어진 강력한 토대라는 사실을 가르쳐줬다.

엄청난 확신으로 유명한 역사적 인물을 떠올려보면 한 사람이 생각난다. 바로 넬슨 만델라Nelson Mandela다. 만델라는 아프리카 민족회의의 지도자로 아파르트헤이트apartheid, 남아프리카 공화국의 인종 차별 정책-옮긴이를 바탕으로 인종 분리를 제도화한 정부에 대한 공격을 주도했다. 1964년에 그는 사보타주와 혁명을 계획한 죄로 종신형을 선고받았다. 그는 총 27년의 수감 기간 중 초반의 18년은 케이프타운 해안가에 있는 예전 나환자 수용소에서 보냈다. 침대도 배관 시설도 없는 작은 감방에 갇혀 지내면서 석회 채석장에서 힘든 노동을 해야 했다. 아내와 어린 두 딸의 방문은 6개월에 한 번만 허용됐고, 교도관들이 수감자들을 목까지 땅에 파묻고 그 위에서 소변을 보는 등의 비인간적인 처벌을 견뎌야 했다. 그 기간 동안 만델라의 추종자들에게 압박을 받은 남아공 정부는 만델라를 조건부로 석방해서 그가 더 이상 감옥에 있지 않는 편이 더 나을 수도 있다고 생각했다. 그래서 수차례 조건부 석방을 제의했지만, 만델라는 매번 거절했다.

"나와 우리 국민들이 자유롭지 못한 상황에서는 어떠한 약속도

할 수 없고 하지도 않을 것이다." 만델라가 쓴 성명서를 그의 딸이 낭독했다. "국민들의 자유와 나의 자유는 분리될 수 없다." 그는 아파르트헤이트 때문에 여전히 자유를 누릴 수 없는 상황에서 정부의 제안을 수락해봤자 무슨 소용이 있겠느냐고 말했다. 그의 성명서는 "나는 내 자유도 중요하지만, 국민 여러분의 자유가 더 소중하다"는 말로 끝을 맺었다.

정말 천재적인 대응이고, 최고의 신념이다.

1990년에 남아프리카 공화국의 새로운 대통령으로 선출된 F. W. 데 클레르크F. W. de Klerk는 만델라를 석방시켰다. 이후 3년 동안 만델라는 아파르트헤이트를 종식시키고 다인종 정부를 수립하기 위한 협상을 이끌었다. 그리고 1994년에 마침내 국민들은 자유를 얻었고, 만델라는 남아프리카 공화국 역사상 최초로 완전한 대의민주제 선거를 통해 대통령으로 선출되었다.

만델라의 협상 능력은 만델라가 평화를 유지하고 남아프리카 공화국이 아파르트헤이트에서 탈피하는 데 적지 않은 역할을 했다. 그는 놀랍게도 감옥에 있는 동안 협상을 시작했다! 사람들이 보기에 만델라는 의지할 곳이 없어 보였다. 그럼에도 그는 아파르트헤이트를 종식시키고 국민들의 생활환경을 개선할 수 있었다. 그가 성취한 일을 통해 배워야 할 교훈들이 많다. 그중 하나는 협상 테이블 반대편에 앉아 있는 사람과 친해질 필요는 없지만, 소통의 선은 계속 열어둬야 한다는 것이다. 만델라는 데 클레르크와 끊임없이 논쟁을 벌였고, 국가를 괴롭힌 폭력의 원인에 대해서 자주 의견이 엇갈렸다. 특히 열띤 논쟁을 벌였던 어느 날은 데 클레르크가 전화를 끊고 수화기를 거칠게 내려놓기도 했다. 하지만 만델라는 어떻게든 양측의 소통이 계속 이어지도록 했다. 데 클레르크는 만델라와 오랫동안 나눈 대화를 돌이켜보며 이렇게 말했다. "우리 둘은 개인적인 반감을 넘어서야 하는 경우가 많았다."

요하네스버그에서 만델라가 투옥되어 있던 감방, 법원 청사로 바뀐 교도소, 로벤 섬Robben Island, 남아프리카 공화국 정부가 정치범들을 수용한 작은 섬-옮긴이, 그가 살던 집을 방문했었다. 만델라가 상징하는 변화, 그런 변화를 이루기 위해 노력한 세월은 전부 그의 신념 덕분에 가능했다.

만델라와 클레르크처럼 아버지는 오래 전 자신과 의견이 완전히 다른 백인 사업가들과 많은 대화를 나눴다. 아버지는 그들과의 관계를 유지하면서 소통 경로를 열어놓으려고 애썼다. 그리고 나역시 신문 1면에 다른 고등학교 학생회장들(남학생과 여학생, 흑인과 백인)과 함께 사진이 실리기도 했고, 아이들이 힘을 합쳐 일을 해결할 수 있도록 부모님들은 뒤로 물러나달라고 제안하는 등 학생회장으로서 활발한 소통에 힘썼다.

버틴다는 건 움직이지 않는다는 얘기가 아니다. 하지만 불안정한 환경에서 꿋꿋이 버틴다는 것은…… 나는 10대 후반에 그것의 장점을 확실히 배웠다.

자기 보호 본능을 이겨라

자신의 신념을 굳게 지키지 않으면 의지할 게 아무것도 없다는 사실을 지금까지 되풀이해서 확인했다. 하지만 그와 동시에 (앞서 말한 것과 상충되는 것처럼 보이겠지만) 항상 개방적이고 유연하고 민첩한 태도를 유지하면서 변화에 대비해야 한다. 즉, 삶의 변화에 대처하기 위해서는 기꺼이 자신을 굽혀야 한다. 어떻게 정반대편에 있는 이 2가지를 다 할 수 있을까? 꿋꿋하게 버티면서 동시에 항복하는 게 가능할까?

나는 이걸 신체의 유연성을 유지하기 위해 매일 스트레칭을 하는 것에 비유한다. 우리는 스트레칭을 통해 탄력 향상, 관절 운동 범위 확대, 부상 예방 등 많은 이점을 얻는다. 스트레칭은 의사나 물리치료사가 매일 혹은 매주 꾸준히 하라고 권유할 정도로 살아가는 데 매우 중요하다. 그러나 규칙적인 활동을 통해 근육에 연료를 공급하지 않으면 스트레칭이 아무런 의미가 없다.

부상을 입어 재활치료를 받은 적이 있는가? 스트레칭은 재활치료 계획에서도 중요하다. 흉터 섬유를 영구적으로 재구성하고 혈액 순환을 정상화해서 회복 과정을 극적으로 가속화하는 게 핵심이다. 다리를 다쳤을 경우 재활치료를 2주 정도 받으면 스트레칭으로 다리 근육을 유연하게 만들어 치유 속도가 빨라진다. 하지만 유연성을 늘리는 것만으로는 한계가 있다. 스트레칭 효과에도 불구하고, 근육은 덜 쓰면 어쩔 수 없이 위축 반응이 나타나기 때문이다.

자신이 개방적이고 유연한 사람이라고 주장하면서 매일 같은 의자에 앉아 같은 일을 하고 있다면 무슨 소용이겠는가? 변화에 민첩하게 대응할 자세가 되어 있을지언정 막상 변화가 닥쳐왔을 때 근육이 위축되어 있다면 할 수 있는 일이 없다. 변화와 새로운 기회를 열린 자세로 받아들이고 있다는 말은 누구나 할 수 있다. 그러나 실제로 변화가 필요할 때 유연하게 대처하려면 미리부터 변화를 연습해야 한다(근육을 활성화시켜놓아야 한다).

인생

결혼, 독신, 자녀, 반려동물, 취업, 은퇴 등 여러분이 지금 인생의 어느 시기에 있든 간에 모든 일에는 계절이 있다는 걸 분명히 알고 있을 것이다. 세상에 영원한 건 없으며, 항상 변함없이 지속되는 것도 없다. 사람은 성장하고, 우선순위가 달라지고, 꿈이 바뀐다. 우리는 이런 끊임없는 변화와 근본적인 불안정에 대응해 자기 보존 경향을 드러내는 일이 잦다. 미지의 것들로부터 자신을 보호하기 위해 인간은 적어도 지난 1만 2000년 동안 다른 이들이 접근하지 못하도록 경계심을 유지하며 벽을 쌓아왔다. 본능적으로 스스로를 보호하지만, 그로 인해 다른 이들이 들어오지 못하는 상황인가?

인생에서 유연성을 유지하면서 살아남는 방법은 아이러니하게도 자기 보존 충동과 맞서 싸우는 것이다. 그러나 우리는 일자리나 본업, '정말 중요한' 것들을 잃을지 모른다는 두려움 때문에 자신을 보호한다는 명목하에 변화와 유연성을 거부하는 일이 많다. 다음 날 아침 출근을 위해 일찍 일어나야 한다는 이유로 뭔가를 미룬 경우가 얼마나 많은가? 뇌 공간을 많이 차지하는 긴급한 문제 때문에 대화를 피하거나 다른 생각을 품지 못한 적이 몇 번인가? 그런 건 다 변명일 뿐이라고 인정한 적이 몇 번이나 되는가? 자기 보존을 내세워 유연성을 억제하려는 충동에 저항했을 때 얻을 수 있는 긍정적인 효과들을 모두 생각해보자.

일

세계경제포럼의 「미래 직업 리포트 2018 Future of Jobs Report 2018」
은 2022년까지 인간과 기계의 노동 분업으로 인해 약 7500만 개의 일자리가 사라질 것이라고 추산했다. 우리는 기술 발달이 불러오는 격동의 시대를 살고 있으며, 이 때문에 어떤 직업을 가지고 있든 모두가 치열한 경쟁을 벌이고 있다. 보통 자기 아이디어에 대한 저작권을 주장하고 모두에게 그게 내 아이디어임을 알리고 싶어 하는 건 당연한 일이다. 또 아이디어를 묵살당하거나 승진 기회를 놓치거나 로봇이나 다른 기술 발달로 일자리를 빼앗기고 싶지 않다. 그래서 최대한 방어적인 태도를 취하면서 자기가 정당하게 얻은 것들을 굳건하게 지키는 데 힘쓴다. 그러나 스스로 의식하든 의식하지 못하든 그런 방어적인 태도가 오히려 기회를 차단시켜 실패의 원인이 될 수 있다.

융통성 없고 지나치게 보호적인 태도를 고수하면 일을 배울 수도 더 잘할 수도 없다. 다른 사람을 돕지 않거나 타인의 도움을 받는 걸 꺼린다면, 지금 하는 역할에서 성공할 수 없다. 특히 직장에서는 주변 사람들에게 일을 배우는 경우가 많은데, 그런 방어적이고 완고한 태도로는 새로운 걸 배우지 못하고 그러면 결코 일을 잘할 수 없기 때문이다. 주의해야 할 점은 선배뿐 아니라 신입사원 같은 후배에게도 새로운 관점이나 트렌드 등 배울 점들이 있다는 것이다. 그런 사람들과 그들이 제공하는 모든 걸 차단한다면 자신의 성장만 저해될 뿐이다.

리더십

리더인 여러분은 어떻게 근육을 계속 활성화시키는가? 어떻게 하면 위축되는 걸 막을 수 있을까? 리더의 자리에서 유연하면서도 강인한 모습을 유지할 수 있는 방법 가운데 가장 쉽지만 잘 이용하지 않는 방법이 바로 접근과 경청이다. 즉, 항상 대화를 나눌 준비가 되어 있고 대화에 적극적으로 임하는 것이다.

보통 자기는 다가가기 쉬운 사람이라고 말하는 리더들이 많지만, 그들은 대부분 너무 바쁘고 불편하고 자기중심적이라서 다가가기 어렵다. 여러분은 어떤가? 아마 접근하기 쉬운 사람이 되기보다 생산성을 우선시하거나, 댓글이나 아이디어 상자 같은 대안을 통해 다른 사람의 의견을 들을 것이다. 만약 그렇다면, 리더의 입장에서 실제로 그 내용들을 읽는가? 아니면 그 작업을 직원이나 인턴에게 맡기고, 그중 중요하다고 생각되는 걸 알려달라고 지시하는가?

사탕 발린 소리는 누구나 할 수 있지만, 진정한 리더는 자기가 이끄는 사람들의 이야기에 적극적으로 귀 기울이기 위해 시간을 낸다. 리더들이 상아탑 안에만 틀어박혀 있는 시대는 지난 지 오래다. 아니, 그래야만 한다. 진정한 접근성은 보다 많은 대면 소통, 많은 대화, 많은 경청을 통해서만 얻을 수 있다.

2장

통제는
환상이다

소닉 CEO로 회사를 운영한 지 약 2년쯤 지난 1997년에 우리 브랜드는 처음으로 전체 매출 10억 달러를 달성했다. 그리고 불과 4년 뒤에 전체 매출이 2배로 늘어 20억 달러를 벌어들였다. 내가 어떻게 이런 일을 해낸 걸까? 사실 내가 한 것은 아무것도 없다.

그 얘기는 나중에 자세히 하도록 하자.

아이젠하워가 곁에 둔 사람들

◇◇◇◇◇◇

미국 독립전쟁과 남북전쟁에 참여한 조상들의 이야기를 들으면서 자란 조지 패튼George Patton 장군은 아주 어릴 때부터 전쟁 영웅이 되고 싶었다. 그가 아버지나 할아버지와 함께 난롯가나 저녁 식탁 앞에 앉아서 눈을 크게 뜨고 그들의 이야기에 푹 빠져 있는 모습을 쉽게 상상할 수 있다. 나이가 찬 뒤에는 (다들 예상한 대로) 웨스트포인트West Point 미국 육군사관학교에 입학해 군인으로서 재능을 발휘했고, 1912년에는 스톡홀름에서 열린 올림픽 5종 경기에 출전하기도 했다. 그가 젊은 시절에 한 일들은 모두 한 가지 목적을 위한 것이었다. 패튼 장군은 전쟁 전략에 대해 최대한 많이 배우는 데만 몰두했다.

그는 제1차 세계대전 때 새로 창설된 미국 원정군 전차 군단에서 장교로 활약하면서 높은 평판을 얻어 그 후 몇 년 동안 빠르게 승진했다.

"우리는 지칠 때까지 공격하고 또 공격한 다음, 다시 공격할 것이다." 패튼 장군은 전투에 대한 지칠 줄 모르는 갈망 때문에 병사들로부터 "지독한 노인네"라는 별명을 얻었다. 그는 흔들리지 않는 사람이었다. 그의 가혹하고 가차 없는 규율, 공격적인 접근 방식, 두려움을 모르는 태도 덕에 미국은 1943년 3월 엘 게타르 El Guettar 전투에서 승리했고, 덕분에 그동안 겪은 패배에서 벗어나 나치에 맞서기 위한 추진력을 회복할 수 있었다. 하지만 한 달 뒤, 패튼 장군은 전쟁 신경증에 시달리는 군인을 때리며 겁쟁이라고 부른 일로 비난을 받게 된다. 그는 결국 공개 사과문을 발표했다.[3] 그러나 패튼의 이런 거친 태도에 놀란 사람은 아무도 없는 것 같았다. 그게 그의 리더십 스타일이고, 처음부터 그 사람은 그런 사람이었으니까.

그는 나중에 미군을 이끌고 라인 강을 건너 1만 마일에 달하는 영토를 점령하고 독일을 나치 정권에서 해방시키는 데 중요한 역할을 했다. 하지만 곧 연합군이 독일에서 추진한 비나치화 정책에 비판적인 목소리를 내면서 다시 비난을 받았다. 1945년 10월 그는 제3군 사령관직에서 해임되었다. 그리고 불과 몇 달 뒤인 12월에 자동차 사고를 당해 목이 부러졌고, 사고 발생 12일 만에 하이델베르크에서 사망했다.

패튼 장군의 리더십 스타일은 전쟁 상황에서 효과적이었다. "내 방식을 따르든가 아니면 떠나라"는 그의 독재적인 스타일은 전장을 가로질러 부대를 이동시키는 데 효과적이었고, 군인들이 참호를 벗어나 적에게 돌격하도록 동기를 부여했다. 어쩌면 그 시점에는 바로 그런 스타일이 필요했을지도 모른다. 하지만 전쟁터는 그가 경험한 리더십의 시작과 끝이었다. 패튼 장군이 제2차 세계대전이 끝난 뒤까지 살아남았다면 그의 삶은 어땠을까? 50년대와 60년대에 군대 밖에서는 그의 방식이 통하지 않았을 것이라고 생각한다.

그가 전쟁터를 벗어날 수 있었을까? 그러지 못했을 것이다. 왜냐고? 그는 자기보다 계급이 낮은 모든 사람을 엄격하게 통제하고 있다고 믿었기 때문이다. 군대 밖에서 진행되는 삶의 모든 영역에서는 완전한 통제는 완전한 환상에 불과하다. 내가 아침에 일어나 패튼 장군 같은 태도로 사무실에 출근해 직원들에게 무조건적인 복종을 요구하고, 주변 사람들을 모두 로봇처럼 조종하려고 한다면, 우리 팀은 금세 혼란과 환멸을 느끼면서 일에 무관심해질 것이다. 엄격한 통제를 통해 역동적인 팀을 육성할 수는 없다.

그러한 면에서 드와이트 D. 아이젠하워Dwight D. Eisenhower 장군만큼 패튼 장군과 판이하게 다른 리더가 또 있을까?

제2차 세계대전이 끝나고 7년 뒤인 1952년, 아이젠하워는 공화당 대통령 후보로 출마할 것이라고 발표했다. 그는 이제껏 선출직으로 일한 경험이 없었다.

1952년 11월 4일, 아이젠하워는 압도적인 득표차를 보이며 미국 대통령으로 선출되었다. 아이젠하워가 군부의 경직된 리더십 구조에서 벗어나 합의와 타협 등이 필요한 정치계로 성공적으로 전환할 수 있었던 건 무엇 때문일까? 비슷한 시대에 성장해 어린 시절부터 똑같이 엄격한 훈련을 받으면서 뛰어난 기량을 뽐냈던 두 남자가 어떻게 그토록 다른 태도를 취할 수 있었을까?

해리 트루먼Harry Truman의 책상 위에 "모든 책임은 내가 진다"라는 문구가 새겨진 명판이 놓여 있었다는 얘기를 들어본 이들이 많을 것이다. 아이젠하워에게도 그와 비슷한 말이 새겨진 책상 장식품이 있었다. 그의 책상 위 눈에 잘 띄는 위치에 놓아둔 문진文鎭에는 "태도는 온건하게, 행동은 단호하게"라는 의미의 라틴어가 새겨져 있었다. 이 말은 아이젠하워의 리더십 스타일을 완벽하게 표현한다. 그는 철권통치를 하는 패튼과 달랐다. 의기양양하게 가슴을 내밀고 사람들을 제압하는 대신 사람들을 이끌고 함께 나아가기 위해 자신의 모든 힘을 다했다.

아이젠하워는 "우리는 힘을 합쳐서, 무기가 아니라 지성과 품위 있는 목적을 통해 차이를 만드는 법을 배워야 한다"고 말하기도 했다.

하지만 그는 아무나 함께 데려가지 않았다. 자기 의견에 동의하는 사람들만 데려간 것도 아니다. 한 가지 기준에 부합하는 이들만 곁에 뒀는데, 그들은 바로 자기가 배운 것을 남들과 공유할 뿐만 아니라 남들에게서 기꺼이 배우려고 하는 평생 학습자들이었다. 아이젠하워는 그런 사람들로 구성된 자문위원회에 많이 의지했고, 내 생각에는 자문위원회도 그랬던 것 같다. "언제나 당

신보다 많이 알고, 당신보다 잘하고, 당신보다 상황을 명확하게
바라보는 사람들과 어울리면서, 그들에게 최대한 많이 배우도록
하라."

당신이 그곳에서 가장 똑똑한 사람이라면

◇◇◇◇◇

내가 몇 년 동안 리더의 위치에 있으면서 배운 게 하나 있다면,
자기가 부족한 부분에 대해 가르쳐줄 수 있는 사람을 곁에 두는 게
정말 중요하다는 것이다. 세상 어떤 리더도 모든 걸 다 알지는 못
한다. 그러나 자기가 뭐든지 다 아는 척하는 리더들이 많다. 아는
척한다는 건 실제로는 그렇지 못하다는 확실한 신호다. 나는 '당
신이 그 곳에서 가장 똑똑한 사람이라면, 잘못된 장소에 있는 것이
다'라는 문구가 새겨진 문진을 만들려고 했다. 이런 상호의존성에
대한 믿음이 소닉을 운영하는 방식에 큰 영향을 미쳤다.

나에게 보고하는 직책 중에는 내가 기본적인 지식을 거의 갖추
지 못한 직무도 많을 것이다. 나는 나와 함께 일하는 사람들과 그
들이 오랫동안 쌓아온 지식에 대한 존중이 회사를 발전시키는 데
매우 중요하다고 판단했다. 물론 나 같은 자리에 있으면 주위 사
람들을 쥐고 흔들거나 그들의 삶을 비참하게 만들 수도 있지만,
그런 행동은 내가 몸담고 싶은 회사를 만드는 데 전혀 도움이 안

된다는 걸 안다. 시간을 생산적으로 활용하는 방법도 아니다.

많은 CEO들은 정해진 의제만 처리하면서 자기가 잘 모르거나 예상 밖의 일이 벌어지는 걸 두려워한다. 그래서 CEO를 보호하는 데 많은 자원을 투자하는 조직들이 많다. CEO가 놀라거나 듣고 싶어 하지 않는 말이 귀에 들어가지 않도록 하는 것이다. 만약 그와 반대로 한다면 어떻게 될까? 누구도 상황을 통제하지 않고 일이 벌어지도록 내버려둔다면? 개방적인 태도로 사람들을 이끌면서 조직 내의 사람들이 기꺼이 참여하고 따르도록 유도한다면 어떨까? 한 걸음 뒤로 물러서서 이런 과정들이 알아서 진행되도록 내버려둔다면? CEO로 재직하던 초기에는 사사건건 다 알려고 하지 않았으며 내가 뭘 모르는지도 잘 몰랐다. 그게 더 편했을 뿐 아니라 장기적으로 놓고 보면 스스로를 관리할 수 있는 완벽한 자질을 갖춘 사람들에게 일일이 참견하고 싶지도 않았기 때문이다. 그렇다고 회사의 다양한 부분들을 모두 파악하기 위해 비상한 노력을 기울이지 않았다는 얘기는 아니다. 나는 CEO 직무를 수행하면서 내가 맡은 직책에 대한 기대치를 뛰어넘기 위해 최선을 다했다. 전임자가 갑자기 회사를 떠나는 바람에 급작스럽게 CEO를 맡게 된 첫 날에도 주변 사람들을 믿으면 더 좋은 기회가 생길 것임을 알았다.

홈런은 홈런타자에게 맡겨라

◇◇◇◇◇◇

나는 어릴 때 야구팀에 있으면서 기본적으로 팀원들간의 상호 연계를 존중하고 소중히 여겼다. 보통 2, 3번 타자를 맡았고 각자의 타고난 강점에 따라 선수들을 배치하는 코치의 전략을 이해했다. 1번 타자는 수월하게 진루할 거라고 믿을 수 있는 선수였다. 또 대개 가장 빠른 아이이기도 했다. 1루에 나가면 도루를 시도할 수도 있기 때문이다. 2번 타자는 1번 타자와 친하면서 그의 움직임을 따라갈 수 있는 스피드를 갖춰야 했다. 3번 타자는 홈런 타자가 될 필요가 없다. 그냥 앞의 주자들이 다음 루로 전진할 수 있도록 공을 치기만 하면 된다. 4번 타자는 가장 중심이 되는 타선으로 모든 주자를 홈으로 불러들일 수 있는 강타자다. 이렇듯 야구를 하면서 타순에 포함된 모든 선수가 팀에 필수적인 존재고, 각자의 기술이 고유한 목적을 수행한다는 걸 알고 있었다.

그런 교훈이 어려서부터 내게 배어 있었다. 내가 학생회를 대표하는 사람이긴 했지만, 주변에는 내가 맡은 일을 할 수 있도록 각자 자기 임무에 충실한 다른 학생들이 있었다. 또 예전부터 역사적인 인물의 전기를 읽는 걸 좋아했기 때문에 그들의 리더십 교훈을 꾸준히 흡수할 수 있었다. 우리보다 먼저 살다간 이들의 성공담과 실패담을 한 손에 쥘 수 있다니 놀랍지 않은가? 그들은 리더십이나 다른 많은 부분에서 실수를 저질렀지만 우리는 그럴 필요가 없다.

패튼 장군 같은 리더들에 관해 읽으면서 사람들을 강압하는 건 효과가 없다는 걸 알게 되었다. 특히 소닉처럼 모든 식당이 기업을 대표하고, 성공적인 브랜드를 확장하기 위한 도구와 지원을 개인 사업자의 손에 맡기는 프랜차이즈 조직의 경우에는 더 그렇다. 나는 수백 개의 독립된 프랜차이즈 가맹점을 이끌어야 하는 임무를 맡게 되었는데, 그러자면 각 가맹점을 운영하는 강인한 기업가들과 함께하면서 그들을 격려해야 했다. 이런 사업 모델을 유지하려면 통제권을 많이 포기해야 한다. 가맹점 영업권을 제공하는 우리 회사는 허용 가능한 운영 방침과 관련해 일정한 한도를 정해야 했지만, 그건 사업의 모든 부분을 통제하는 것과는 거리가 멀다.

리더들은 어떤 결과가 나와야 하는지를 혼자 결정해야 한다면서 스스로를 압박하는 실수를 저지르곤 한다. 그리고 자기가 내린 결론이 옳다고 다른 사람들을 납득시키려고 하면서 실제로 그 결과를 내려고 최대한 열심히 노력한다. 이렇게 경직된 결과 중심의 리더십 모델을 통해 문제에 접근하면 즉석에서 학습할 수 있는 능력이 완전히 사라지며, 다른 팀원들의 재능과 기술을 활용하지도 못한다. 따라서 결과를 미리 정해놓고 팀원들에게 그 결과를 달성하라고 강요하면 문제가 발생한다.

아이젠하워 대통령 같은 리더들에게 영감을 받아서 처음부터 목표를 세우는 법을 배웠지만, 나는 그 목표를 절대적인 중심점으로 삼기보다는 문제에 관여하는 사람이 '누구'인지 파악하는 데 더 많은 시간을 할애한다. 즉, 적합한 인재들이 문제 해결을 위해 노력하고 있는지 확인하는 것이다. 짐 콜린스Jim Collins는 『좋은 기업을 넘어 위대한 기업으로』라는 유명한 저서에서 적합한 인재를 버스에 태워야 한다고 표현했다. 적절한 '인재'가 투입되어 있다는 사실을 알면, 어떤 상황에서든 고삐를 놓고 가만히 앉아서 일이 진행되는 상황을 지켜볼 수 있다. 이런 방법은 온갖 예상치 못한 놀라운 결과, 새로운 사고방식, 참신한 방향으로 이어진다. 만약 내가 팀원들에게 특정한 결과와 그걸 이루기 위한 단계까지 제시하면서 강경한 태도를 취했다면 절대 불가능했을 일이다.

나는 오랜 세월이 흐른 지금도 CEO 일을 처음 시작했을 때와 똑같은 태도를 유지하고 있다. 지금껏 관리해야 했던 많은 일들 중에는 전문 지식이 전혀 없는 일도 수두룩했다. 소닉을 운영하기 위해 알아야 하는 모든 걸 다 알 수는 없었다. 이건 모든 CEO와 임원진을 비롯해 사람을 이끄는 자리에 있는 모든 이들에게 해당되는 얘기다. 아무리 높은 곳에 있다 한들 알아야 하는 걸 전부 알 수는 없다. 기술이든 유통이든, 식품 사양이든 식품 과학이든, 내게는 많은 분야에 대한 전문지식이 전혀 없다. 그렇다면 어떻게 해야 할까? 필요한 답을 다 알지 못하면서 어떻게 효과적으로 사람들을 이끌 수 있을까?

자기가 모든 답을 알지는 못한다는 사실을 항상 기억하는 게 유일한 방법이라고 생각한다. 다행히도 리더라고 해서 모든 것을 알 필요가 없기 때문이다.

대신 나는 당면한 주제에 대해 나보다 많이 아는 사람들에게 의존한다. 모든 일에 능숙할 수 없다는 걸 알기 때문에, 올바른 질문을 던지고 올바른 방향으로 나아가도록 전략적인 계획을 세울 수 있게 도와주는 프로세스를 활용한다. 자기가 모든 걸 다 알고, 모든 결정을 내릴 수 있고, 모든 지식을 잘 다룬다고 생각하는 리더는 자신을 포함한 모두에게 번아웃과 실패를 야기하고, 그 주위 사람들은 인정과 신뢰를 못 받는다고 느끼게 된다.

처음부터 하나의 결과에 집중하지 않는다고 해서, 아무런 구조나 프로세스 없이 회사를 운영한다는 뜻은 아니다. 규모가 큰 사업일수록 적절한 프로세스를 갖추는 게 매우 중요하다. 그렇다면 나는 어떤 프로세스를 이용했을까?

어떤 사람이 기존 기획을 수정하거나 완전히 새로운 아이디어를 이용해서 자기가 추구하고 싶은 경로를 내게 제시한다고 가정해보자. 이럴 때 그들에게 즉시 묻고 싶은 3가지 중요 사항이 있는데, 이 3가지는 우리가 무엇을 해야 할지 결정하는 데 큰 역할을 한다. 직원에게 물어볼 질문은 다음과 같다.

- 우리의 목표는 무엇인가?
- 어떤 프로세스를 활용할 건가?
- 담당자는 누구인가?

이 질문에 대한 대답을 바탕으로 그들이 뭔가를 하고 있다는 확신이 들면, 우리는 다음 단계로 넘어간다. 때로는 일의 결과와 프로세스에 대해 경영진의 동의를 얻어야 할 수도 있지만, 프로젝트에 실제로 공을 들이는 건 나와 옆 사무실 친구뿐이다. 어쩌면 마땅한 담당자가 없을 수도 있다. 그러면 아이디어를 폐기하거나 더 괜찮은 '적임자'를 찾기 위해 빨리 움직여야 한다. 그런 경우에는 다들 모여 앉아서 우리가 원하는 결과를 실현하기 위해 팀에 누구를 추가할 수 있는지 검토해야 한다.

이런 과정이나 이 3가지 질문이 과학 기술처럼 정밀한 건 아니지만, 프로세스나 결과에 대한 선입견을 없애주기 때문에 다양한 의견을 합리적으로 수용하는 데 효과적이다. 사람들이 명확하게 예상하는 결과를 나는 납득하기 힘들 수도 있고 자신이 그 프로세스에 대해 잘 모를 수도 있는데, 그럴 때는 내게 해당 업무를 추진 중인 팀을 소개해준다. 유능한 인재들로 구성된 팀이 일하는 모습을 보면 그 일의 가능성을 깨닫고 그들의 이루려는 바를 잘 이해할 수 있다. 이는 적합한 인재들이 일을 진행시키고 있기 때문에 가능하다.

1995년 우리가 시스템 전반에 대한 라이선스 재협상을 진행하던 때에 바로 그런 일이 일어났다. 13개월에 걸친 재협상 끝에 본사는 가맹점에게 통일된 메뉴와 유니폼, 시설, 구매 계약 등을 요구할 수 있는 새로운 계약을 체결했고, 덕분에 식당 연합이 아닌 '브랜드'의 형태에 가까워질 수 있었다. 가장 큰 과제는 계약을 통해 새로운 권한을 얻는 게 아니라 독립심이 강한 가맹점주들에게

이 문제를 납득시키는 것이었다. 세심한 태도와 권위, 혁신이 완벽하게 조화를 이루어야만 할 수 있는 힘든 일이었다. 그리고 회사 임원들 가운데 우리가 제안한 계획을 가맹점주들에게 순조롭게 납득시킬 수 있는 사람은 CMO인 패티 무어Pattye Moore뿐인 듯했다. 패티는 당시 우리 회사에서 근무한 지 2~3년밖에 안 된 상태였다. 광고 대행사에서 옮겨 왔는데, 그녀가 입사한 직후에 광고 대행사 설립자가 사망해서 회사 문을 닫았다고 한다. 패티는 매우 밝고 열심히 일했으며 가맹점주들과 굳건한 관계를 맺고 있었다.

패티에게 우리가 소닉 2000이라고 불렀던 이 브랜드 구축 사업을 책임질 생각이 있느냐고 물어봤다. 그녀는 망설였지만, 다른 임원이 그녀에게 이 임무를 맡기는 걸 반대했다는 얘기를 전해 듣자 경쟁심이 발동했다. 그리고 그녀가 지금까지 대부분의 업무에서 그랬던 것처럼 앞장서서 중심을 잡고 능숙하게 생산적으로 일했다. 내 3가지 질문에도 상당히 명확하고 투명하게 대답했기 때문에 패티에게 자신 있게 고삐를 넘겨줄 수 있었다. 우리는 음식과 직원 유니폼, 물리적 설비를 통일하고 더 고급화한다는 목표를 이루기 위해 공동 전선을 펼쳤다. 나는 어떤 프로세스를 활용해야 하는지 알고 있었고, 패티는 모든 단위의 운영자들과 함께 광범위한 '드림 팀' 회의를 진행했다. 나는 누가 협상 테이블에 앉을지 알고 있었다. 패티가 선두에 서서 이끌어가고 회사 경영진과 가맹점주들이 모두 회의에 참여했다.

세부적인 부분에 대한 패티의 관심과 완벽한 능력, 신뢰도를 알고 있었기 때문에, 나는 마음 놓고 회사에서 한발짝 멀어져 다시 일상적인 활동으로 돌아갈 수 있었다. 게다가 큰 성과까지 올릴 수 있었다. 1990년대 후반에 매장 단위의 수익이 거의 50퍼센트 증가했고, 새로운 가맹점들이 추가로 문을 열었으며, 1997년부터 2001년 사이에 시스템 전체 매출이 10억 달러에서 20억 달러로 2배나 증가했다. 패티는 도중에 약간 도움을 받긴 했지만(6장 참조), 내가 그녀를 밀착 관리하려고 했을 때보다 더 열심히 근면하게 일했다.

팀 전체의 참여도 꼭 필요했지만 책임을 위임해야 하는 필요성은 그보다 더 컸다. 내가 권한을 넘기기로 결정한 덕분에 패티는 리더로서 대폭 성장하면서 새로운 기술을 발전시킬 기회가 생겼고, 이는 그녀에게 지속적인 영향을 미쳤다. 그리고 브랜드의 가치와 강점도 완전히 다른 차원으로 크게 성장했다.

통제력은 오히려 영향력을 줄인다

◇◇◇◇◇

살면서 가장 피곤했던 때를 생각해보자. 가장 먼저 떠오른 생각이 뭔지 모르겠지만, 아마 직장에서 늦게까지 야근을 했거나 비행기 연착으로 예상치 않게 공항에서 오래 대기했을 때는 아닐 것이다. 누군가가 어깨 너머로 여러분의 일거수일투족을 지켜보면서 계속 참견하는 것보다 더 피곤한 일이 있겠는가?

영국에서 진행된 최근 연구에서, 연구진은 병원 직원 100명이 12시간씩 교대 근무를 하는 동안 활동 추적기를 달고 있게 했다. 근무가 끝날 무렵 직원들에게 얼마나 피곤한지 물어봤다. 그 대답은 놀라웠다. 가장 피로를 느낀 건 가장 많이 움직인 사람이 아니라, 자기 일을 스스로 통제할 수 없다고 느낀 사람들이었다.[4]

통제권을 포기하는 건 모든 사람에게 자연스러운 경향은 아니다. "어떤 일을 제대로 하고 싶다면 직접 하라"라는 옛 속담이 유명한 건 다 이유가 있다. 어떤 리더들은 자신의 의지를 다른 사람(혹은 조직 전체)에게 강요하고, 외부에서 벌어진 사건을 관리하고, 모든 걸 자기 뜻대로 할 수 있다고 생각한다. 그런 사람 밑에서 일해본 적이 있는가? 그렇다면 감정 소진, 사기 저하, 폐쇄적인 의사소통, 혁신 부족, 그에 따르는 위험 회피 등도 겪어봤을 것이다.

내가 젊은 시절 변호사였을 때, 윗사람 중 한 명이 자기 밑에서 일하는 사람들에게 지나치게 높은 기준을 강요한 적이 있다. 그는 생산성을 높이기 위해 직원들에게 너무 많은 압력을 가했다. 처음에는 그 방법이 꽤 효과적이었고 일시적으로 성과가 향상되었다는 것을 인정한다. 하지만 시간이 지나자 의욕이 떨어지면서 생산성도 떨어졌다. 만약 그가 자신의 통제권을 일부 내려놓고 부하직원이나 동료들이 더 주도적으로 일할 수 있는 권한을 줬다면, 나를 비롯해 함께 일하는 다른 사람들이 맡은 바 책임감을 갖고 더 의욕적으로 임했을 것이다.

역설적이지만, 위대한 리더가 될 수 있는 유일한 방법은 통제권을 포기하는 것이다. 통제는 지배, 지시, 성과 측정, 시정 조치를 중심으로 이루어진다. 이와 다르게 리더십은 영향력이 중심이다. 명확한 목표를 정하고, 권한을 위임하고, 직원을 신뢰하고, 다른 사람들을 고무하는 행동이 기반이 되어야 한다. 이건 누군가 혹은 어떤 것의 성격과 발달, 행동에 영향을 미칠 수 있는 능력이다. '영향'과 '통제'란 말을 서로 대비시켜서 사용한 것에 주목하자. 통제를 영향력으로 바꾸면 리더십을 완전히 새로운 시각으로 바라보게 될 것이다.

결국 통제력 행사와 포기 사이에서 적절한 균형을 유지하면서 어떤 식으로 영향력을 행사하는가가 리더로서의 꾸준하고 지속 가능한 성공 수준을 결정할 것이다. 사람들에게 영향력을 행사하기 위해 무조건 그들을 통제할 필요는 없다. 다만 목표를 명확히 하고, 올바른 프로세스를 사용하며, 적절한 인력을 배치하는 것이 가장 중요하다.

신뢰의 기술

통제는 신뢰 부족의 문제이다. 우리는 다른 사람보다 자신을 훨씬 쉽게 신뢰하는 경향이 있지만, 그건 제한적인 전략이다. 지속 가능하지도 않고, 실용성이 없으며, 건전하지 않다. 리더는 자신이 모든 걸 직접 할 수 있다고 해도 그러지 말아야 한다. 그러면 다른 능력 있는 사람들의 자신감이 떨어져 자신이 관리할 수 있는 것보다 훨씬 많은 일을 맡게 된다. 다른 사람들에 대한 신뢰를 높이기 위한 가장 좋은 방법은 그들에게 꾸준히 기회를 주는 것이다.

온라인 신발 및 의류 회사 자포스_{Zappos}의 CEO인 토니 셰이_{Tony Hsieh}가 대표적인 예다. 셰이가 관리하는 약 1500명의 직원들 가운데 500명은 자포스 콜센터에서 일하면서 하루에 7000통 이상의 전화를 받는다.[5] 이 상담원들은 고객과 대화할 때 정해진 스크립트를 사용하지 않으며 "그건 저희 회사 정책에 어긋납니다"라든가 "제 상사를 바꿔드리겠습니다" 같은 말로 응대하지 않는다. 그들은 각 고객에게 해결책을 직접 제시할 수 있는데, 이런 권한이 생긴 건 셰이가 '자유롭게 해결하되 최선의 판단을 하라'는 규칙을 만들었기 때문이다.

셰이의 철학은 자율성을 기반으로 하며 자포스의 고객 서비스를 예술의 경지로 올려놓는 데 도움을 줬다. 이 회사는 꾸준히 연매출 10억 달러를 돌파하고 있으며, 매출 대부분이 단골 고객에게서 나온다. 이 회사는 소비자들에게 전례 없는 고객 충성도를 얻고 있으며 고용주로서도 사랑받아, 2009년부터 《포춘》지가 선정하는 '일하기 좋은 100대 기업'에 계속 이름을 올리고 있다. 이들의 성공은 셰이와 그가 직원들에게 전한 신뢰에서 시작된 파급 효과임이 분명하다.

능력 있는 다른 사람에게 통제권을 넘기고 그 사람이 나로서는 불가능한 수준의 성과를 올리는 모습을 보면 정말 큰 성취감과 해방감이 느껴진다. 다른 사람에게 "당신이 최선이라고 생각하는 일을 해라. 난 당신을 믿는다"라고 말하는 것에도 엄청난 힘이 담겨 있다. 누군가 여러분에게 그런 말을 했을 때 느꼈던 자부심을 떠올려보자.

인생

일에서 벗어나 있을 때의 생활은 종종 다른 사람을 더 신뢰하는 방법을 배우는 시험장이 되기도 한다. 개인적인 시간을 보낼 때는 자신의 갑옷과 선입견, 방어벽을 내려놓을 가능성이 높기 때문이다. 그 세계에서 여러분이 가장 신뢰하는 사람은 누구인가? 그들의 어떤 자질 때문에 깊이 신뢰하게 되었는가? 그 관계에서는 신뢰가 어떤 식으로 드러나는가? 자신의 감정을 마음 놓고 드러내거나, 상대방의 영역을 존중하는 태도를 보이거나, 업무나 집안일을 제대로 처리해줄 사람에게 맡길 수도 있다. 어쨌든 그 무게를 내려놓을 수 있으면 자유로워진 기분이 들지 않겠는가?

이제 거울을 자기 쪽으로 돌려보자. 사람들이 여러분을 믿는 건 여러분의 어떤 자질 때문인가? 여러분은 남들의 신뢰를 쉽게 얻을 수 있는가, 아니면 사람들이 별로 믿지 않는 편인가? 아무리 의도가 좋아도, 다른 사람들을 실망시키는 건 피할 수 없는 일이다. 여러분은 신뢰가 깨졌을 때 재빨리 용서하는 편인가? 그리고 본인도 그런 용서를 받았는가?

통제 문제와 관련해서는 우리가 신뢰하는 관계를 분석해보는 과정이 꼭 필요하다. 개인 생활과 직업 생활 모두에서 행복하고 만족스러운 관계를 맺고 싶다면, 다른 사람뿐만 아니라 자기 자신과 자신의 본능을 믿을 준비가 되어 있어야 한다. 그러려면 배려만큼이나 자기 인식도 중요하며, 이것이 성공적이고 의미 있는 동반자 관계를 구축하는 유일한 방법이다.

일

여러분의 협업 스타일은 어떠한가? 다른 사람들과 함께 일해야
할 때도 모든 걸 혼자 떠맡는 경향이 있는가? 아니면 가만히 앉아
서 다른 사람들이 고삐를 쥐게 내버려두고, 자기 할 일만 기다리
는 타입인가? 팀의 일원으로 잘해낸다는 건 자신의 장점과 단점
이 뭔지 알고 그게 동료들의 장단점과 어떻게 어울리거나 충돌하
는지 안다는 얘기다.

어떤 사람은 자기 공을 인정받고 싶어 하며 본인이 기여한 바를
남들이 확실히 알아주길 바란다. 그들은 팀의 노력과 결과보다 자
신을 더 걱정한다. 한편 기여를 거의 하지 않는 사람들도 있다. 그
들은 다른 사람의 노력을 통해 이익을 얻고 싶어 하고, 그 성공을
본인의 성취를 위한 수단으로 사용하려고 한다. 한마디로 무임승
차자인 셈이다. 여러분은 어디에 해당하는가? 통제권을 더 요구
할 수 있는 상황과 기회가 있는가? 아니면 어떤 부분에서 통제를
포기하고 사람들을 신뢰할 수 있는가?

리더십

신뢰할 수 있는 사람임이 이미 입증된 직원, 능력이 뛰어나고 믿
음직해서 언제든 의지할 수 있는 동료가 누구인지 파악하자. 그들
은 더 많은 신뢰로 보상받고 있는가? 아니면 그들의 능력은 여러
분이 쥐고 있는 짧은 목줄에 달려 있다고 생각하는가? 만약 그렇

다면, 그건 여러분이 벌이는 권력 싸움 때문인가 아니면 실제 현실이 그런가? 그게 여러분이나 그들의 한계와 관련이 있는가?

자기가 맡은 일에 책임을 다하는 사람들 덕분에 회사가 발전하고 있다면, 그들이 말로든 금전적으로든 공개적으로든 개인적으로든 그에 합당한 보상을 받고 있는지 자문해보자. 아니면 여러분이 훌륭한 리더 역할을 한 것에 대해 보상을 받고 있는가? 누가 이득을 보고 있는가?

모든 위대한 리더 뒤에는 훌륭한 팀이 있고, 가장 위대한 리더는 그걸 인정하는 사람이다. 위대한 성공을 거둔 사람은 모든 게 '나' 중심으로 돌아가지만, 위대한 리더는 '그들'을 가장 소중하게 여긴다는 걸 기억해야 한다.

3장

조화를
이룰 때
비로소
증폭한다

"하비가 왔어!"

◇◇◇◇◇

처음으로 공식적인 리더 자리에 오른 건 중학교 때 소년 합창단 회장이 되었을 때다. 교회 성가대에서 거의 10년 가까이 노래를 부른 나는 자격이 충분했다. 하지만 내가 그 자리를 맡게 된 과정에는 개인적인 목적이 있었다. 나를 자꾸 때리는 불량 학생이 더 이상 나에게 함부로 하지 못하도록 힘을 갖기 위해 회장이 되고자 했다. 이 경험으로 악보상의 음표 하나 하나보다 화음이 더 중요하다는 걸 깨닫게 되었다.

화음은 재미있는 개념이다. 음악적으로는 여러 개의 음을 동시에 연주하는 것을 말하는 매우 단순한 뜻이다. 엄밀하게 정의하자면, 손가락으로 기타 줄을 아무렇게나 튕길 때 나는 소리는 그 소리가 아름답건 끔찍하건 상관없이 다 화음이다. 하지만 다들 알고 있듯이 화음과 관련된 목표는 아름다운 음악을 만드는 것이다. 우리는 상호보완적인 소리의 아름다움에 감동받기를 원한다. 불협화음을 들으려고 돈을 내는 사람은 없지 않은가.

내가 청춘을 보낸 1960년대와 70년대는 음악의 황금기로, 정말 믿을 수 없을 만큼 아름다운 화음이 사방에서 울려 퍼졌다. 당시에는 틈만 나면 음반을 틀어 많은 음악을 들었다. 물론 요즘처럼 노래를 수천 곡씩 주머니에 넣고 다니거나 전 세계 음악에 자유롭게 접근할 수 있는 시절은 아니었다. 우리 집에는 레코드플레이어가 있었는데 팝송부터 뮤지컬 음악, 라흐마니노프Rachmaninov부터 레이 스티븐스Ray Stevens까지 온갖 음반이 쉬지 않고 돌아갔다.

그때 스틸리 댄Steely Dan이라는 밴드가 있었는데, 도널드 페이건 Donald Fagen과 월터 베커Walter Becker라는 두 멤버가 주축이 되어 활동하던 밴드였다. 스틸리 댄의 미적 연속성은 이 두 사람에게서 비롯되었지만, 그들은 드럼과 베이스, 다양한 기타리스트, 호른 연주자 등을 영입해서 많은 앨범을 발표했다. 페이건과 베커는 누구를 데려와서 연속성 있는 그룹의 음악을 만들어야 할까를 놓고 꾸준히 고민했다. 음악적으로나 관계적으로나 반복적이고 신중한 조화가 필요한 상황인 것이다. 2017년에 월터 베커가 사망한 뒤에 《롤링 스톤Rolling Stone》에 실린 기사 내용처럼, "스틸리 댄은 계속 바뀌는 라인업에도 불구하고 재즈, 팝, 락, 소울의 경계를 흐릿하게 하는 '잘 계산된 문학적 가사'를 담은 깨끗하고 세련된 앨범을 연이어 발표하면서 음악계에 자신들을 각인시켰다."[6]

그리고 전설적인 그룹 마마스 앤드 파파스The Mamas and the Papas 가 있었다. 미셸 필립스Michelle Phillips, 데니 도허티Denny Doherty, 존 필립스John Phillips, 그리고 '마마' 캐스 엘리엇Cass Elliot. 60년대 후반에 처음 등장한 그들은 음악계를 떠들썩하게 만들었다. '캘리포니아 드리밍California Dreamin''이 싱글로 처음 발매되었을 때, 난 이런 음악은 난생 처음 들어본다고 생각했다. 이 그룹의 보컬은 정말 빈틈 없이 짜여져 있고 정확해서 거의 마법 같았다.

내가 정말 반한 게 뭔지 아는가? 그들의 화음, 그들의 다양한 목소리가 한데 어우러져서 그 자체로 뭔가를 만들어내는 것이다. 이 그룹의 테너인 데니 도허티도 '이 현상'을 설명한 적이 있다. 그리고 밴드 멤버들 모두가 노래할 때 경험했다. 멤버는 4명뿐이지만 이들의 목소리가 제대로 합이 맞는 순간, 각자 최상의 컨디션으로 완벽한 음을 내는 순간, 마치 다섯 번째 목소리가 끼어드는 것처럼 들렸다.

데니는 "우리가 노래를 정말 잘 부를 때면 이 유령처럼 높은 목소리가 다른 음 위로 나타나곤 했다. 우리는 그 '다섯 번째' 목소리에게 '하비'라는 이름까지 붙여줬다"고 말했다. 물론 실제로는 존재하지 않는 소리다. 그들이 노래의 특정 부분을 연습하려고 아주 가까이 모여 앉아 머리를 맞대고 노래할 때 갑자기 다른 목소리가 들리면 "하비가 왔어!"라고들 했다는 것이다.

계속 말을 이었다. "그러면 '좋아, 이제 할 수 있겠다. 그를 찾았으니까!' 같은 분위기가 됐다. 하비가 나타나면 그때부터는 연습할 때 손발이 척척 맞았다."[7]

하비. 여러 사람의 목소리가 완벽하게 조화를 이루면 완전히 새로운 자기들만의 뭔가를 만들어낼 수 있다니, 정말 놀라운 개념 아닌가.

물론 그들이 항상 그렇게 조화롭게 공존했던 건 아니다. 마마스 앤드 파파스의 이야기를 아는 사람이라면 그들의 경력이 말도 안 되게 짧다는 걸 알 것이다. 그들의 짧은 흥망성쇠에는 LSD 중독, 삼각관계, 분열과 재결합, 그리고 결국 약물 과다복용으로 인한

'마마' 캐스 엘리엇의 심근경색 등이 포함되어 있다. 음악에서든 관계에서든, 인간들 사이에 훌륭하고 지속적인 조화가 이루어지는 건 드문 일 같다. 어떤 분야에서건 대조적인 목소리를 내는 사람들끼리 장시간 함께 일할 수 있는 능력은 매우 이례적이다. 조화는 결코 쉽지 않기 때문이다.

빌리 조엘의 특별한 콘서트

◇◇◇◇◇◇

내가 아직 어릴 때 처음 인기를 끌기 시작해서 50년 넘게 공연을 해온 빌리 조엘Billy Joel은 이런 사실을 너무나 잘 알고 있다. 솔로 활동을 할 때는 자기 목소리와 어울리는 보컬 하모니를 찾지 못했다('스루 더 롱 나이트Through the Long Night'이라는 노래에서는 자기 목소리를 겹치게 녹음해서 화음을 맞췄는데, 이런 방식은 비틀스의 히트곡인 '예스 잇 이즈Yes It Is'에서 영감을 얻은 것이라고 한다). 그러다가 1987년에 완전히 다른 종류의 화음을 실험해보기로 했다.

당시의 지배적인 정치 풍토는 냉전이고 주적은 러시아였다. 소련과 미국이 이끄는 서구 열강들 사이에서 수십 년 동안 적대적인 세력 다툼이 계속되는 동안, 빌리 조엘은 1958년에 텔레비전에서 밴 클라이번Van Cliburn이라는 미국인 피아니스트가 러시아 피아노 콩쿠르에 참가해 우승하는 모습을 봤던 걸 계속 떠올렸다. 조엘은 나중에 말하길, 음악은 문화적, 정치적 경계를 초월하고 음악가는 냉전 중에도 희망과 따뜻한 순간을 제공할 수 있다는 사실을 깨달은 것이 자신에게 큰 영향을 미쳤다고 말했다. 그래서 80년대 후반에 〈더 브릿지The Bridge〉라는 앨범을 발매한 후, 조엘은 자기가 직접 밴 클라이번 같은 순간을 만들기 위해 애써보기로 결심했다.

그때까지 록 음악은 소련 문화의 일부로 간주되지 않았기 때문에 소련에서는 허용되지 않았다. 그러나 1987년에 미하일 고르바초프가 소련의 관리형 개방 정책인 글라스노스트glasnost를 시행한 뒤, 조엘과 그의 밴드는 모스크바와 레닌그라드에서 총 여섯 차례의 라이브 콘서트를 하게 되었다. 조엘은 당시 그의 아내였던 슈퍼모델 크리스티 브링클리Christie Brinkley와 어린 딸까지 함께 데리고 갔는데, 이는 사랑하는 이들을 데려가도 안전하다고 생각할 정도로 자신이 그들을 신뢰하고 있음을 러시아 국민들에게 보여주기 위한 것이었다. 매일 밤 콘서트가 열리기 전에 러시아 사람들과 교류하며 시간을 보낸 빌리 조엘과 그의 가족, 그리고 밴드 멤버들은 친절하고 따뜻하게 맞이해주는 러시아 국민들의 모습에 계속 놀랐다. 하루는 언덕 위에 있는 수도원을 방문했는데, 그곳에서는 한 무리의 남자들이 질병 치료에 효과가 있다고 전해져오는 100년 된 그레고리오 성가를 부르고 있었다. 미리 계획하지는 않았지만, 조엘도 이들 사이에 끼어 미국식 두왑doo-wop, 1950년대에 유행한 리듬 앤드 블루스 스타일로 코러스 부분을 악기 대신 목소리로 표현한다-옮긴이으로 화음을 넣었다. 그러자 다양한 목소리와 스타일, 문화, 인간의 정신이 어우러진 즉흥 콘서트가 열렸다.

　빌리 조엘이 러시아 투어에서 한 일은 획기적이었다. 긴장감이 가득한 상황에서 그곳에 갔다는 역사적인 중요성뿐만 아니라(베를린 장벽이 생긴 이후 처음으로 연주회를 연 미국인인 건 말할 것도 없고) 그가 보여준 진정성과 포용력이 그의 방문을 더욱 특별하게 만들었다. 한 콘서트에서 그는 '앨런타운Allentown'이라는 노래를 소개하면서 이렇게 말했다. "이 노래는 미국 북동부에 사는 젊은이들에 관한 노래다. 철강 공장이 문을 닫는 바람에 그들의 생활이 비참해졌다. 어떻게든 떠나고 싶지만, 상황이 나아질 거라고 믿으면서 자라왔기 때문에 계속 남아 있는 것이다……. 어쩌면 여러분에게도 익숙한 얘기일지 모르겠다." 조엘의 공감과 순수한 인간애를 통해, 그곳에 있는 모든 사람들이 똑같은 메시지의 일부가 되었다.

　몇 년 뒤, 조엘은 이때의 여행을 되돌아보면서 이렇게 말했다. "러시아 여행은 아마 공연자로서 내게 가장 중요한 사건이었을 것이다……. 그들은 적이 아니었다. 당신 아이가 '아빠는 냉전 시기에 뭘 했어요?'라고 물어보면 어떻게 할까? 이제 우리는 할 말이 있다."[8]

　로큰롤 뮤지션으로 러시아에 갔던 조엘은 연결의 상징이 되어 그곳을 떠났다. 얼마 지나지 않아 베를린 장벽이 무너지고 공산당이 쫓겨났다. 당시 많은 역학 관계가 작용했지만, 빌리 조엘의 방문이 이런 극적인 변화에 기여하지 않았다고 누가 말할 수 있겠는가? 그의 존재가 상징한 자유와 연대가 그 나라에 영구적인 영향을 미쳐서 결국 1991년에 소련이 해체되는 데 기여하지 않았다고 누가 말할 수 있겠는가?

우리 모두가 화합을 이루는 데 그렇게 적극적인 역할을 한다면 어떻게 될까?

화합은 리더십이나 타인과의 공존과 관련해 많은 걸 가르쳐준다. 직장, 정부, 사적인 관계, 그리고 세상 전체에서, 다양한 '목소리'를 주변 사람들과 섞을 수 있는 새로운 방법을 계속 찾아야 하는데, 가능하면 서로에게 이익이 되는 방법이어야 한다. 나도 합창단 회장이 되기 전까지는 깨닫지 못했다. 그 나이에는 화음은 단순히 음악에 한정된 기술로 음악 코드나 음역대와 연관될 때만 중요하다고 생각했다. 하지만 선생님이 안 계실 때 내가 연습을 책임지게 되면서부터 시각이 바뀌기 시작했다. 불량소년들이 조화롭게 화음을 맞춰 함께 노래하게 하는 것과 그 문제아들이 문제를 일으키지 않기를 기대하는 것은 별개의 일이다. 그 교훈은 고등학교 1학년이 된 이듬해에 더 마음속 깊이 새겨졌다. 내가 아는 건 통합, 즉 사람들을 하나로 합치려고 시도하는 게 무슨 일이 벌어지든 모른 척하면서 자기들끼리 논쟁을 벌이게 내버려두는 것보다 낫다는 것뿐이었다.

불협화음에 대처하는 법

◇◇◇◇◇◇

내가 소닉에서 처음 일을 시작할 무렵, 회사 시스템 내부의 불협화음에 충격을 받았다. 완전한 기능장애 상태였다고 표현할 수 있을 정도다. 합창에 비유하자면 화음이 형편없는 수준을 넘어, 무슨 노래를 부를지 합의조차 안 된 듯한 경우가 많았다.

본사가 어떤 방향으로 가자고 권유할 때마다, 많은 프랜차이즈 가맹점주들은 정반대로 행동하곤 했다. 회사가 코카콜라를 주요 콜라 판매업체로 선정하고 새로운 마케팅 전략을 협상했다고 발표하자, 몇몇 프랜차이즈 그룹은 그 즉시 펩시콜라를 찾아가 자기네 그룹에 속한 매장을 위한 다년간의 공급 계약을 협상했다. 본사에서 크리에이티브 에이전시를 한 곳만 이용하겠다고 발표하자, 휴스턴 지역의 가맹점들과 광고 에이전시가 자기들끼리 독자적인 광고를 추진하면서 본사에 소송을 제기했다.

1980년대의 소닉 시스템에는 이런 불협화음이 가득했다. 새로운 합창곡을 선정하는 건 둘째 치고 그들이 조금이라도 화합하도록 만드는 게 최우선 과제였다.

불협화음은 사업을 방해할 게 분명했다. 내가 1993년에 소닉 최고운영책임자가 되었을 때, 시스템 전체의 새로운 라이선스 계약 체결을 위해 가맹점주들과 협상을 시작했다. 나는 사업자들이 단일 시스템의 규정을 잘 따르도록 하려면 새로운 계약 요건을 포함시켜야 한다고 확신했다. 그렇지 않으면 대량 구매를 통해 비용을 절감할 수 없고 고객을 위한 일관성 있고 통일된 시스템을 구축할 수 없었다.

협상 과정 자체가 불협화음의 연속이었다. 나중에는 점주들이 협상 중인 사안과 관련해 CEO를 공개적으로 공격하기 시작했다. 당시 점주들은 몰랐지만, CEO는 기꺼이 항복할 준비가 되어 있었다. 다행히 우리 중 몇몇이 '같은 곡'을 부르기 시작했기 때문에, 우리는 상황을 되돌릴 생각이 없었다. 우리의 새 합의안은 특히 모든 프랜차이즈 가맹점주들에게 본사가 선정한 단일 광고 대행사를 이용하도록 의무화했다. 또 식자재와 종이 제품은 본사가 계약한 업체에서 구입하고, 콜라 판매업체도 한 곳만 이용하며, 일관된 메뉴를 사용하고, 적어도 7년에 한 번씩 건물 간판을 업그레이드하도록 했다. 그 대가로 점주들의 계약 기간을 최대 20년까지 새롭게 연장해주고, 그들의 사업 성장을 보호하기 위해 더 넓은 거래 반경(점포 주변에 새로운 매장을 지을 수 없는 물리적 공간)을 제공했다.

이전의 협상 과정이 조화롭지는 않았지만, 이 새로운 사용권 계약으로 전환할 자격이 있는 가맹점 가운데 90퍼센트 이상이 이를 받아들였다. 처리해야 하는 서류 양이 너무 많다면서 시행 일자를 늦춰달라는 점주들의 요구로 마지막까지 불협화음이 생겼으나 우리는 서류 마감일을 늦추는 데는 동의했다. 단, 이 경우 새로운 계약 조건을 작년 9월 1일까지 소급 적용하도록 했다.

우리는 아직 함께 노래하는 법을 배우지는 못했지만, 마침내 같은 곡을 부르기로 결정하는 단계까지는 왔다. 이렇게 '화합'을 도모한 결과, 소닉의 구매력이 커졌고 가맹점들도 상당한 비용 절감 효과를 봤다. 프랜차이즈 매장 전체에 동일한 메뉴가 도입되면서 신제품을 홍보할 수 있는 기회도 생겼다. 또 늘어난 점포별 수익을 이용해 새로운 광고, 제품 판촉, 신규 매장 개발을 과거 어느 때보다 활발하게 진행할 수 있게 되었다.

1996년부터 2001년까지 5년 동안 점주들의 연간 총 이익이 1억 달러 증가했다. 마침내 함께 힘을 합쳐 아름다운 음악을 만들어낸 것이다.

리더의 최우선 과제

◇◇◇◇◇◇

화합의 중요성을 아는 지도자들을 생각할 때면 우드로 윌슨 Woodrow Wilson이 떠오른다. 그는 남부에서 태어났지만 노예제도에 관한 의견에 있어서는 기꺼이 자기 아버지의 반대편에 섰다. 실제로 그는 1880년에 이런 말을 했다고 한다. "나는 남부를 사랑하기 때문에 남부군의 패배가 기쁘다." 그는 노예제도를 억제하지 않으면 결국 자신이 자란 곳, 사랑하는 고향이 몰락하게 되리라는 걸 직감적으로 알고 있었다.

윌슨은 존스 홉킨스대학에서 역사와 정치학 박사 학위를 받은 교양 있는 사람이다. 나중에 프린스턴대학교 총장이 되었는데, 그곳에 있는 동안 엘리트주의와 아무렇게나 정해놓은 기준이 많은 피해를 초래한다고 느껴 그런 문제를 해결하려고 애썼다. 하지만 이런 노력은 상황을 있는 그대로 유지하려고 하는 프린스턴의 엄격한 위계질서에 맞서는 행동이었다. 그리고 이렇게 불협화음이 잦은 상황 때문에 그는 정계에 진출해야겠다고 마음먹게 되었다.

윌슨의 정치 경력은 1910년에 뉴저지 주지사 선거에 출마하면서부터 본격화되었고, 그는 점점 높아지는 명성을 재빨리 이용해서 1912년에 민주당 대통령 후보로 지명되었다. 그리고 선거에서 이겼다. 그는 빠른 승진을 이용해 주위 사람들을 짓밟을 수도 있었지만, 그러기보다는 끊임없이 주위에 손을 뻗고, 공통점을 찾고, 세상의 다양한 부분을 조화시키려고 애썼다.

세월이 흐른 뒤, 그는 제1차 세계대전 참전을 매우 망설였지만 독일의 '무제한 잠수함전' 때문에 결심이 무너졌다. 결국 독일이 멕시코를 도와 미국 남부를 침략하게 할 수도 있다는 소문이 돌자, 윌슨은 의회에 전쟁 선포를 요청하게 되었고 이 요청은 정부의 압도적인 지지를 받았다. 1918년 11월에 독일은 전쟁에서 패했다. 이때 우드로 윌슨은 승리한 연합군을 만나 14개조 연설 Fourteen Points Speech을 하면서 전 세계의 화합을 본격적으로 추구하기 시작했다. 그렇다면 그의 목표는? 지속적인 세계 평화였다. 세계대전이 어떤 참상을 빚을 수 있는지 직접 확인한 그는 다시는 그런 대규모 전쟁이 일어나지 않을 세계무대를 만들기 위해 다른 지도자들과 협력하기로 결심했다. 윌슨은 비밀조약을 폐기하고, 민족 자결권 원칙을 인정하고, 관세 장벽을 없애고, 군비 수준을 낮추며, 분쟁을 중재할 수 있는 국제 연맹을 도입하자고 앞장서서 주장했다.

그러나 연합군은 자신들의 식민지 구조와 이익을 위태롭게 할 수 있는 어떤 조약에도 서명하려 하지 않았고, 전쟁과 세계적인 사안 개입에 진절머리가 난 미국 의회는 유럽 문제와 동떨어져 있는 걸 선호했다. 윌슨은 "세계 각국이 전쟁을 막는 방법에 동의하지 않는다면, 다음 세대 안에 또 다른 세계대전이 일어날 것이라고 절대적으로 확신한다"고 말해 다시금 엄청난 예지력을 입증했다.

지금 우리 모두가 알고 있는 것처럼, 그가 옳았다.

조화의 강점은 조화가 깨질 때 생기는 약점만큼 뚜렷하지가 않다. 조화가 부족하면 온갖 불협화음과 갈등이 생기지만, 조화는 개인과 팀이 서로 고립된 채로 일할 때는 결코 경험할 수 없는 '다른' 존재를 만들어낼 수 있다.

그러나 갈등은 불가피하다. 누구와 어디에 있든 상관없이 충돌하는 성격, 이야기의 다른 면, 반대되는 믿음, 사회적 격변이 항상 존재한다. 따라서 갈등 자체가 문제가 아니라 그게 언제 발생하느냐가 문제다. 나는 불화가 생겨도 연민과 소통으로 해결할 수 있다는 사실을 항상 상기하면서 산다. 그게 항상 문제를 해결해주는 건 아니지만, 다시 음악에 비유하자면 동시에 연주해야 하는 음이 1개 이상 있다면 적어도 함께 연주하려고 시도는 해봐야 한다.

그러나 리더들이 달성할 수 있는 일에도 한계가 있으며 특히 참가자들이 새로운 과제에 대처하지 못할 때 더 힘들어진다. 2008년에 침체기가 닥치자 소닉 시스템의 일부 구성원들도 이런 시험을 겪었다. 안타깝게도 일부 가맹점들은 시련을 이겨내지 못했다. 그들은 그 후 2~3년 동안 점점 더 큰 불협화음을 냈기 때문에 우리는 그들과의 계약을 해지해야 했다. 고통스러운 과정이었지만 회사 전체의 화합을 유지하기 위해 필요한 과정이었다.

힘든 시기가 닥치면 화음(가치)을 유지하는 데 가장 도움이 되지 않는 가수를 시스템에서 내보내야 할 수도 있다. 그것 또한 리더가 해야 할 일이다. 그냥 무턱대고 화합을 이루도록 하는 게 다가 아니라, 집단의 일관성과 화합이 위협받는 시기를 알아차리고 화합을 해치는 요소를 제거해야 한다.

합창단의 리더로, 그리고 훗날 소닉의 리더로 활동한 나는 남들을 이끄는 모든 이들의 의무는 본질적으로 이해와 포용, 화합의 실천이라는 걸 알게 되었다. 리더가 하는 일은 관심을 독차지하거나 자기 손이 닿는 모든 것에 권위를 각인시키는 게 아니다. 공통점에 대한 차이나 동지애에 대한 반감에 집중해서도 안 된다. 진정한 리더는 위대한 밴드의 리더와 닮았다. 조화롭지 못한 목소리들을 하나로 합칠 방법을 찾으려고 항상 노력하기 때문이다. 조화 없는 삶은 반주 없이 하나의 멜로디로만 구성될 것이기 때문이다. 누가 그렇게 살고 싶겠는가?

먼저 다양한 목소리가 필요하다

로스쿨을 갓 졸업한 뒤 법인법을 다뤄보고 싶어서 볼티모어에 있는 한 법률회사에 입사했다. 그 회사가 찾아낸 법률의 틈새시장이 어떤 사람에게는 만족스러웠겠지만, 나는 그런 사람이 아니었다. 풋내기였던 나는 변호사로서 세상을 바꾸는 걸 목표로 삼았다. 머릿속에는 커다란 아이디어와 더 큰 이상들이 가득 차 있었는데, 이 회사는 그런 정신을 키울 수 있는 분위기가 아니었다.

지금 돌이켜보면, 그때의 경험이 전부 불쾌했던 건 실무 분야 때문이 아니라 업무 환경 때문이었음이 분명하다. 자기 일은 자기가 알아서 혼자 하는 식이었다. 누가 자기 옆자리 사람보다 일을 더 잘하고, 더 똑똑하고, 논쟁 실력이 뛰어난지 알아보기 위해 경쟁을 벌이고 있는 것 같았다. 그걸 음악적인 용어로 표현한다면, 조화롭지 못한 소리들이 뒤섞인 불협화음 그 자체였다. 온통 시끄러운 잡음들만 가득해 듣기에 좋지 않았다.

여러분도 그런 환경에 몸담았던 적이 있는가? 수많은 음악가들과 함께 교향악단에 속해 있는데, 그들 가운데 앞에 놓인 악보가 똑같은 사람이 한 명도 없는 듯한 상황 말이다. 내가 무슨 행동을 해도, 또 아무리 상황을 합리화하려고 해봐도 나와 동료, 상사의 상반된 목소리가 어우러지도록 할 방법이 없는 것 같았다. 그래서 내 삶을 위한 다른 사운드트랙을 찾았고, 마침내 사람들과 화합할 더 큰 기회를 얻었다. 소닉에도 비슷하게 다양한 목소리가 존재했지만, 모든 사람이 남의 소리를 무시하면서 자기만 소리를 잘 내려고 애쓰지는 않았다. 이런 환경 덕분에 내 경력도 번창했고, 나중에 그럴 수 있는 자리에 오른 뒤에는 다른 사람들에게도 번창할 기회를 주었다.

클라우디아 샌 피드로Claudia San Pedro가 아주 좋은 예다. 그녀는 멕시코에서 태어났는데 두 살 무렵에 가족이 모두 메릴랜드주 볼티모어로 이주했다가 다섯 살 때 오클라호마주 노먼에 정착했다. 30대 중반이던 2004년에 클라우디아는 오클라호마주 예산청 감독관이 되어 연간 60억 달러의 주 운영 예산을 관리하고 있었다. 나는 정책 개발에 초점을 맞춘 비영리 단체를 통해 그녀를 만나 매우 깊은 인상을 받았다. 그래서 한동안 그녀에 대해 알아본 뒤 소닉에 영입하려고 시도했다. 그녀는 2006년에 마침내 우리 회사 회계 책임자 겸 투자자 관리 부사장으로 합류했다. 몇 년 후, 클라우디아가 맡은 역할에 전략 기획 업무를 추가하여 그녀는 고위 경영진에 합류했고 진행 중인 계획 논의에 참여할 수 있게 되었다. 이건 그녀의 전문성 개발과 회사 성장에 중요한 요소였다.

클라우디아는 2015년에 소닉의 최고재무책임자가 되었고, 2018년 1월에는 우리 프랜차이즈 관리 회사인 소닉 인더스트리 Sonic Industries의 사장이 되었다. 내가 2018년 12월에 회사를 떠날 때, 그녀는 인스파이어 브랜드Inspire Brands로 통합된 소닉의 사장이 되었다. 성별이나 인종과 무관한 기회의 범위를 잘 대변한 클라우디아 덕분에 우리 회사의 그런 장점이 널리 알려졌다.《뉴욕 타임스》에서 "소닉 경영진은 미국 기업으로는 드물게도 대부분 여성과 소수민족 출신으로 구성되어 있고 이사회도 그에 가까운 수준이다"라고 인정할 정도였다.[9] 성별과 인종적 다양성에 열린 태도를 취해야 한다는 10대 때 생긴 나의 가치관이 오랜 시간이 지나 소닉에서 뿌리를 내리게 되었다.

인생

여러분의 가정생활은 원활하고 조화로운가, 아니면 한꺼번에 수많은 목소리가 섞이는 것처럼(또는 비명을 지르는 것처럼) 들리는가? 배우자나 자녀, 친구, 친척 등 여러분과 가장 밀접한 관계에 있는 사람들은 어떤가? 사람마다 각자 연주할 악기가 있고, 모두의 소리를 고르게 들을 수 있다는 걸 아는가? 아니면 누가 언제 연주할지 규칙을 정하고, 코러스를 이끌 사람과 지휘자까지 일일이 정해둬야 하는가? 누가 어떤 부분을 책임지고 있는지 명확하게 파악하기만 해도 조화를 이룰 수 있는 경우가 종종 있다.

개인의 요구, 목표, 강점은 언제나 다양하다. 어떤 사람은 리듬감이 있고, 어떤 사람은 음치고, 어떤 사람은 영재다. 하지만 이런 필연적인 차이에도 불구하고, 누구나 자기만의 목소리가 있다고 느낄 자격이 있다. 자기 악기를 중요하게 여길 수 있다. 그들의 소리에 귀를 막거나 비중이 적은 솔로 자리로 보내려고만 하지 말고 다른 방법을 찾아서 조정해야 한다.

일

일을 하는 동안 여러분 헤드폰에서 재생되는 사운드트랙은 무엇인가? 매일 똑같은 일을 할 때 다양한 음악과 목소리를 들으면서 보내는가, 아니면 같은 노래를 반복해서 듣는가? 만약 한 곡만 반복해서 듣는다면, 그 때문에 서서히 미쳐가고 있을지도 모른다. 여러분이 자기 일에 만족하지 못하는 이유도 이 때문일지 모른다. 실제로 미국 근로자의 71퍼센트가 자기 직업에 만족하지 못하고 직장을 바꾸려고 한다는데, 그들도 이런 이유 때문일 수 있다.[10]

모든 사람이 규정된 곡조에 맞춰 노래해야만 직장에서의 조화가 이루어지는 건 아니다. 오히려 사람마다 제각기 음정이 다르지만, 이걸 모두 합치면 각자 자기 파트를 부르면서 화합을 이루는 앙상블이 이루어진다는 뜻이다. 이는 사람들이 일은 개별적으로 하지만 하나로 힘을 합치고 있다는 얘기다. 비록 같은 프로젝트에 참여하지 않더라도 공동의 목표를 가진 프로젝트를 위해 애쓰고 있다. 프로젝트 내에서 다양한 작업을 수행하는 개인이 곡의 최종 버전에서 자기가 어떤 역할을 하는지 제대로 이해하고 있는가?

리더십

조직의 사운드트랙은 조직 전체에 계속 배어 있는 문화다. 여러분 회사의 직원들은 일하는 동안 머리 위의 스피커에서 흘러나오는 음악에 대해 뭐라고 말할까? 지루한 엘리베이터 음악일까, 〈로키 4Rocky IV〉 사운드트랙에 실린 의욕을 고취시키는 곡일까, 사람들을 흥분시키는 하드 록일까, 아니면 호른을 많이 쓴 잔잔한 재즈곡일까? 여러분이 매일 방송으로 내보내는 곡 목록을 기준으로 생각하면 사람들은 여러분에게서 어떤 감정을 계속 전달받고 있는가?

사람마다 취향이 다른데, 그런 차이를 포용하면 보다 절충되고, 풍부하고, 듣기 좋은 사운드트랙을 만들 수 있다. 따라서 불안감을 가라앉혀줄 위로를 원할 때는 아름다운 교향곡, 혼돈을 싫어하는 사람들의 인내심을 시험하는 헤비메탈, 카페인을 지나치게 많이 섭취한 사람들이 긴장을 풀 수 있게 해주는 클래식 블루스 등을 메들리로 편집할 때도 아마 그때그때 적합한 순서가 있을 것이다. 사람들의 욕구가 끊임없이 충돌하는 상황에서도 그들의 학습

과 성장을 돕는 다재다능한 리더가 된다면 모두가 환영받는 조화

로운 환경이 조성될 것이다.

4장

새로움을 창조하는 '예스, 앤드' 법칙

"소닉의 CEO 자리를 맡겠습니까?"

<><><><><>

1989년 봄, 당시 소닉의 법무 자문위원으로 일하던 나는 다른 직장을 알아보기 시작해야겠다고 생각했다. 1988년에 유상증자를 진행할 때부터 회사 CEO와 긴밀히 협력해왔지만, 최고운영책임자인 번 스튜어트Vern Stewart는 내가 더 이상 도움이 안 된다고 여기는 것 같았기 때문이다. 그는 새로운 인재를 영입하고, 마케팅 자금을 늘리고, 결국 거래처까지 많이 확보하는 등 탁월한 일처리 솜씨를 보여줬다. 하지만 매우 냉정한 사람이었다. 아니, 솔직하게 말해서 그는 약삭빠른 성격이었고 약간 독재적이었다. 내가 유상증자 업무를 마친 후에는 내게 관심을 끊은 듯했다.

나는 이직이 가능할지 이리저리 알아보기 시작했다. 우리 지역은 1980년대에 석유 파동의 영향을 심하게 받으면서 당시 내 수중에 있는 돈은 전보다 많아졌지만 일자리가 별로 없었다. 게다가 대학원생인 아내와 세 살짜리 아들도 있었다. 그래도 새로운 기회를 찾기 위해 계속 주의를 기울였다.

그러던 중에 예상치 못한 운명의 반전이 찾아왔다. 번 스튜어트가 갑자기 해고되어 회사 운영에 문제가 생겼다. 회사 지분의 51퍼센트가 번 스튜어트를 믿고 소닉에 투자한 새 파트너들이 가지고 있었기 때문이다. 파트너들은 이유를 불문하고 그가 갑작스럽게 회사를 떠난 것에 망연자실했다. 번 스튜어트가 해고되고 6개월 뒤, 소닉의 잭 도나휴Jack Donahue는 다음번 경영진 모임에서 주식 공개 문제를 논의하고 싶다고 했다(당연히 자신들의 소유 지분 청산을 위해). 잭은 수련회에서의 논의 과정을 내가 이끌어주기를 바랐다.

나는 1990년 3월에 그 작업을 진행했다. 주어진 과제를 수행하고, 주식을 공개한 다른 회사들과 얘기를 나누고, 계획을 세웠다. 1990년 여름까지 투자 은행을 선정하고, 같은 해 9월에는 주식 공모를 위해 필요한 서류를 증권거래위원회에 제출했다. 이때 주식 시장 상황이 좋지 않아서 회사의 상장 일정도 미뤄졌는데, 시장이 안정되기 시작한 1991년 2월에 주식 공모를 진행했다. 정말 정신없는 시간이었다. 회사에서 곧 잘리겠다고 생각하던 참에 소닉의 주식 공개 과정 감독을 맡음으로써 전환점을 맞이하게 되었다. 어떤 프로젝트가 눈앞에 닥쳤는가에 따라 내가 하는 역할이 끊임없이 바뀌었기 때문이다. 우리는 1991년에 주당 12달러 50센트로 상장했고, 누가 봐도 모든 면에서 큰 성공을 거두었다. 그로부터 5년 전에 나를 포함한 소닉 리더들이 회사 주식을 1000만 달러어치 매입했는데(이 얘기는 나중에 자세히 설명하겠다) 지금은 그 가치가 10배로 늘어나면서 나는 백만장자가 되었다.

열심히 일한 것에 대해 넉넉히 보상받은 듯했다. 하지만 그와 동시에 불확실성 또한 커지는 걸 느꼈다. 나는 미국 재계에서 계속 일할 생각이 없었다. 내가 취득한 학위는 MBA가 아니라 역사학과 법학 학위인데다 소닉에 입사하기 전에는 일반 기업에서 일한 경험이 없었고 리더의 위치에 있지도 않았기 때문이다. 다음에 뭘 할지에 대한 계획도 없었다. 미래 계획을 세우며 잠시 휴식을 취할 충분한 돈이 갑자기 생겼는데(적어도 서류상으로는) 마음이 끌리지 않았다. 지금 있는 그 자리도 계획한 일이 아니었다. 단지 나는 아직 젊고 당장 할 일이 있는 게 좋아서 계속 "예스"라고만 말했다.

그러다 보니 1992년에 답이 찾아왔다. 완전히 새로운 기술을 발전시켜야 하는 최고재무책임자 자리를 상사가 내게 제안한 것이다. 그 제안에 "네, 안 될 게 뭐 있겠습니까"라고 대답했다. 전에 기업 금융에 관한 실무 교육을 받은 적이 있는데, 이제 그 일을 실전에서 해보라는 요청을 받은 셈이다. 이런 새로운 도전으로 한동안 바빴지만, 새롭고 색다른 일을 할 준비가 되어 있었기 때문에 1993년 봄에 상사에게 가서 6개월 뒤에 회사를 떠나겠다고 통보할 수 있었다. 소닉에서 일한 지 만 10년이 되는 그해 말에 그만둘 계획이었다. 퇴직 통보를 미리 해두지 않으면, 내가 더 이상 회사에 도움이 되지 않음에도 미련을 두고서 계속 이곳을 맴돌게 되리란 걸 알고 있었다.

90일 뒤, 상사가 다시 찾아와서는 이번엔 최고운영책임자 자리를 맡아보지 않겠느냐고 물었다. 이 역시 새로운 일을 배울 좋은 기회가 될 거라고 생각해서, "안 될 거 없죠"라고 말했다. 그렇게 1993년 8월에 최고운영책임자로 승진했고, 1994년에는 사장이 되었다. 1995년 4월에 열린 이사회는 나를 새롭고 훨씬 도전적인 방향으로 이끌었다. 이사들도 나도 그 자리에서 무슨 일이 일어날

지 전혀 몰랐다. 우리가 회의실에 앉아 있을 때 CEO가 자리에서 일어나더니 자기는 다른 회사로 옮길 거라고 말했다. 지금 밖에는 자기를 공항까지 태워다줄 자가용이 기다리고 있고, 거기서 전용기를 탈 거라고 했다. "지금까지 고마웠습니다. 안녕히 계세요."

그는 떠났고 소닉의 CEO가 없어졌다.

소닉 이사회의 임원들이 모두 고개를 홱 돌려서 나를 쳐다보더니 그중 한 명이 내게 회의실에서 나가달라고 했다. 나는 그 말에 따랐다. 정말 이상한 순간이었다. 전 상사의 이직 소식에 깜짝 놀란 나는 회의실 밖에 서서 다음에는 무슨 일이 일어날까 생각했다……. 하지만 궁금증이 풀리기까지 오래 걸리지는 않았다. 이사회가 나를 다시 회의실로 부르더니 소닉의 CEO가 되고 싶으냐고 물었다. 나는 잠깐 계산을 해보고는 말했다. "네, 안 될 것 없죠." 그렇게 나는 소닉이라는 상장 기업의 CEO로 23년간의 경영 업무를 시작하게 되었다.

리처드 브랜슨의 모험

◇◇◇◇◇◇

경제계에는 무엇이든 기꺼이 하거나 시도하려는 의지를 보여 '예스의 왕'으로 널리 알려진 사람이 있다. 그는 정말 무슨 일이든 다 했다. 1986년에는 보트를 타고 대서양을 횡단하여 세계 신

기록을 세웠다. 언젠가 라스베이거스의 카지노에서 뛰어내리기도 했다. 카이트 서핑으로 영국 해협도 횡단하고 제트스키도 탄다.[11]

그의 도전은 개인적인 일에만 국한되지 않는다. 그는 의류부터 음악, 항공, 우주여행에 이르기까지 여러분이 생각할 수 있는 거의 모든 산업에 손을 대고 있다. 세계 각지에 흩어져 있는 그의 회사 직원들은 그를 '닥터 예스Doctor Yes'라는 별명으로 부른다.

이쯤 되면 내가 리처드 브랜슨Richard Branson 얘기를 하고 있다는 걸 알아차렸을 것이다. 고등학교를 중퇴하고 훗날 버진Virgin 제국을 설립한 그 사람 말이다. 그는 블로그에 "내가 어디로 가고 있는지, 어떻게 가야 하는지 전혀 알 수 없는 상황에서도 노라는 대답보다 예스라고 말하는 걸 더 좋아한다"고 썼다. "기회는 대담한 사람에게 유리하게 작용한다."

하지만 예스를 외친다고 해서 항상 일이 여러분이 원하는 대로 풀리지만은 않을 것이다. 브랜슨이 1991년에 부조종사와 함께 열기구를 타고 태평양을 횡단하려고 했을 때, 그가 착륙한 곳은 목표 지점이었던 캘리포니아주 로스앤젤레스가 아니었다. 그는 북극에 착륙했다. 그리고 버진 스트라이브 챌린지Virgin StriveChallenge(선수들이 마터호른산 기슭에서 에트나산 정상까지 기계의 힘을 빌리지 않고 오로지 인력으로만 가는 경기)에 참가했을 때는 자전거를 타고 전속력으로 내리막길을 달리다가 어둠 속에서 예상치 못하게 나타난 과속 방지턱을 들이받으면서 핸들 위로 날아 떨어지기도 했다. 이처럼 그가 예스를 외친 일은 간혹 생명을 위협하기도 했다. 하지만 그의 모든 예스는 해보지 않았다면 결코 몰랐을 무언가를 가르쳐주거나 경험하게 해줬다.

예스라고 대답한다고 해서 항상 일이 바람직하게 끝나는 건 아니다. 이것저것 잡히는 대로 도전해보고 다양한 것을 경험하는 삶은 대개의 경우 고통이 따른다. 매일 똑같은 일과를 따르는 편안한 삶과는 완전히 다르다. 매일이 새롭고 낯선 경험의 연속이다. 즉, '예스'는 여러분을 새로운 방향으로 인도하는 파괴적이고 위험한 단어다.

예스라고 답하는 삶(이게 브랜슨의 태도와 일치한다고 생각한다)이란 자기 앞에 놓인 길이 어떤 길이든 호기심과 최선을 다하려는 의지를 품고 기꺼이 받아들이겠다는 마음가짐을 계속 유지하는 삶이다. 그렇다고 혼란스러운 삶으로 이끄는 방식을 받아들이라거나 싫어하는 일을 하라는 얘기는 아니다. 누군가 나에게 세금 계산을 대신 해달라고 한다면 당장 거절할 것이다. 난 세금 계산을 좋아하지도 않고, 다른 사람의 잡무를 대신 떠안기에는 내 인생만으로도 충분히 바쁘다. 내가 말하는 기회는 여러분의 호기심을 자극해서 '흠, 그거 꽤 흥미로운데. 한번 시도해봐야겠다' 같은 생각이 들게 하는 일이다. 처음에는 말이 안 되는 것처럼 보여도 말이다.

브랜슨의 경우, 약혼녀 조안과 함께 푸에르토리코로 가던 중에 비행기가 취소됐다는 걸 알게 됐을 때 바로 그런 기회를 잡았다. 두 사람은 다른 승객 수백 명과 함께 작은 섬의 공항에서 꼼짝 못하는 신세가 되었다. 다들 화가 나고 지쳤으며 집에 갈 방법이 없어 답답해했다. 브랜슨은 어떻게 했을까? 공항에 가만히 앉아 있었을까? 다른 비행기를 기다리는 동안 대합실에서 농담이나 주고받으면서? 그는 직접 비행기를 전세내기로 했다. 거기 있는 승객들을 모두 태울 수 있는 전세기를 구한 다음 승객들에게 실경비(전세기를 빌리면서 낸 금액을 승객 수로 나눈 액수)만 받고 좌석을 제공했다. 다들 그에게 인당 39달러씩을 내고 출발했다. 그로부터 얼마 뒤, 한 지인이 국제 항공사를 설립하자는 아이디어를 들고 찾아오자 브랜슨은 좋다고 했다(닥터 예스라고 불리는 사람이니 당연하지 않겠는가?). 게다가 그 항공사는 브랜슨이 즉흥적으로 시작한 유일한 항공사도 아니다. 그는 자서전 『버진다움을 찾아서Finding My Virginity』에서, 회사의 최고재무책임자 중 한 명이었던 브렛 고드프리Brett Godfrey가 가족들과 함께 호주로 이주하기 위해 버진을 그만두겠다는 힘든 결정을 내렸을 때 얼마나 실망했는지 이야기한다. 그러나 브랜슨은 실망감을 감추고 기뻐하는 척하면서 고드프리의 행복을 기원해줬다. 그리고 전화를 끊으면서 고드프리에게 계속 연락하고 호주에 좋은 사업 기회가 있으면 알려달라고 했다.

고드프리는 곧바로 브랜슨에게 호주에 저가 항공사를 설립하자는 아이디어를 제시했다. 브랜슨도 관심이 있었다. 그는 고드프리에게 더 자세한 계획을 말해달라고 했다. 고드프리는 다음 날 아침에 계획서를 보냈다. 이렇게 즉흥적으로 신속하게 의견을 주고받고 브랜슨이 기꺼이 제안을 받아들인 덕분에 버진 오스트레일리아Virgin Australia가 탄생하게 되었다.

"예스라고 대답하면 삶이 훨씬 더 즐거워진다!" 브랜슨은 이렇게 말한다. "예스라는 짧은 한마디가 여러분을 놀라운 모험으로 이끌어줄 것이다."

무엇이든 시도해보려는 의지는 브랜슨의 인생 초반부터 나타나기 시작했다. 10대 초반에 학교를 중퇴한 그는 사람들이 자기를 '학교에서 가장 멍청한 애'로 생각했다고 말했다. (나중에서야 자신이 난독증이라는 사실을 알게 되었다.) 하지만 그는 학교 신문에는 감히 발표할 수 없는 혁명적인 생각, 음악과 베트남 전쟁에 대한 생각을 가지고 있었고, 《스튜던트Student》라는 잡지를 만들겠다고 결심했다. 작은 공책에 이름과 비용, 잠재적인 광고주를 나열하는 것부터 시작했다. 그런데 돈이 없는 것이 문제였다.

그러나 그는 어떻게든 앞으로 나아갔다. 이게 예스라고 말하는 것의 멋진 점이다. 계획을 세우지 않았을 때도, 다음에 뭘 해야 할지 잘 모르겠을 때도, 일단 예스라고 말하면 추진력이 생겨서 계속 앞으로 나아갈 수 있다.

때로는 예스라고 말함으로써 운명을 소환할 수도 있다. 적어도 브랜슨의 경우에는 그런 것 같다. 이 무렵 그의 어머니가 집 근처에서 값비싼 목걸이를 주워 경찰서에 가져다줬지만, 주인이 나타나지 않자 어느 정도 시간이 흐른 뒤 경찰은 목걸이를 어머니에게 돌려줬다. 그녀는 목걸이를 팔아 100파운드를 아들에게 줬고, 브랜슨은 젊은 사업 파트너와 함께 그 돈으로 필요한 대금을 지불하

고 잡지를 계속 발간할 수 있었다.[12]

몇 년 뒤, 브랜슨은 계속 번창하는 잡지 성공을 발판 삼아 레코드 우편 주문 사업을 시작했고, 이것이 결국 버진 레코드Virgin Records가 되었다. 브랜슨은 "그때의 100파운드가 버진 갤럭틱Virgin Galactic, 버진 애틀랜틱Virgin Atlantic, 그리고 오늘날 전 세계에 퍼져 있는 다른 버진 계열사들을 위한 길을 열어주었다"라고 썼다.

지금 여러분에게 주어진 기회 중에도 당장 예스라고 말해야 하는 기회가 있는가?

조직의 '예스'와 이니셔티브

◇◇◇◇◇◇

이런 걸 보면 즉흥 코미디가 생각난다. 즉흥극을 공연하는 팀의 경우, 청중들에게 어떤 단어나 문장을 제안해달라고 요청한 뒤 그렇게 제안된 내용을 이용해서 촌극을 꾸민다. 즉석에서 예측할 수 없이 진행되기 때문에 매우 재미있다. 하지만 즉석에서 촌극을 구성하는 게 무척 어려워 보인다. 그런데 자세히 살펴보니 즉흥극이 겉으로 보이는 것만큼 무작위적이지 않다는 사실이 밝혀졌다. 물론 코미디 배우들이 공연 중에 위기일발의 상황에 처했을 때는 재빠르게 행동하면서 즉각적인 판단을 내리지만, 보통은 일정한 규칙에 따른다.

즉흥극의 기본은 '예스, 앤드' 법칙이다. 한 연기자가 어떤 제안을 하거나 새로운 아이디어를 내놓으면 다른 연기자는 즉시 그 아이디어에 동의하면서 그걸 이용해 장면을 이어가고, 새로운 제안을 바탕으로 극을 만들어간다. 여기서 알아야 하는 중요한 사실은, 예스, 앤드 법칙은 즉흥 연기에서 뭘 해야 하는지, 혹은 무슨 말을 해야 하는지 직접 조언을 해주는 게 아니라 좋은 연기를 위한 최적의 조건을 만들어준다는 것이다. 즉, 민첩성과 창의성을 발휘하기 위한 발판을 마련해준다. 따라서 '예스, 앤드'는 새로운 걸 창조하지만, '노'는 흐름을 중단시킨다.

이건 인생을 위한 좋은 교훈일 뿐만 아니라, 기업 세계에도 적용 가능하다. 사실 즉흥 코미디 워크숍은 경영대학원의 주요 과목이 되었다. 밥 쿨한_{Bob Kulhan}이라는 사업가는 시카고의 스케치 코미디 업계에서 일한 경험을 바탕으로 듀크대학교 후쿠아 경영대학원 교수와 손잡고 MBA 과정 학생들을 위한 즉흥극 훈련 프로그램을 개설했다.[13] 이 프로그램은 즉흥극을 팀 구성이나 문제 해결을 위한 실습 방법으로 이용하는 데 초점을 맞추었다. 그 후 UCLA, 컬럼비아, 인디애나 같은 대학의 경영대학원으로도 확대되었다.

시도하기가 망설여지는가? 물론 사람들이 자기 직장을 생각할 때 유머나 희극적인 타이밍이 가장 먼저 떠오르는 사람은 드물 것이다. 하지만 이렇게 한번 생각해보자. '예스, 앤드'는 직장의 부정적인 분위기에 대한 해독제가 될 수 있다. "노"라고 거절해도 문제되진 않지만, 예스라고 하면 (비록 잠깐 동안이라도) 어떤 아이디어를 따랐을 때 그 아이디어가 어디로 향할지 볼 수 있는 기회가 생긴다.

물론 예스라고 말하는 것, 변화에 열린 마음을 유지하는 것은 '기존에 하던 일에서 벗어나지 않고서 어떻게 새로운 일을 받아들일 수 있는가'라는 의문을 갖게 할 것이다. 이런저런 제안에 다 예스라고 답하면 이틀에 한 번씩 마음을 바꾸는 일종의 '변덕'으로 취급되지 않을까?

간단히 답하자면, 그렇지 않다. 예스 문화는 마음을 계속 바꾼다는 뜻이 아니다. 나는 이걸 다음과 같이 생각한다.

첫째, 팀 전체가 큰 그림을 그릴 수 있는 이니셔티브를 바탕으로 협력하는 게 중요하다. 이는 사업 계획의 일부인 전략적인 이니셔티브를 의미한다. 이런 주요 계획이 초기부터 명확하지 않으면 팀 구성원들 개개인이 쉽게 방황하고 결국 팀 전체가 갈피를 못 잡게 된다. 그래서 계획은 항상 명확해야 하고 모든 이들의 마음속에서 가장 중요한 위치를 차지하고 있어야 한다. 그렇지 않으면 책임감이 줄어들고 계속 수정이 이루어지는 나쁜 문화가 생긴다. 목표가 계속 움직인다면 팀이 효과적으로 기능할 수 없다.

계획이 이니셔티브가 아닌 특정한 활동(회의나 교류)에 기반을 둔다면 이런 느슨한 변경이 쉽게 발생할 수 있고, 주요 목표나 전술이나 활동의 중요성을 제대로 인지하지 못한다. 전략적 계획에는 계획을 추진할 주요 이니셔티브가 포함되어야 팀이 지속적으로 협력하고 집중할 수 있으며, 개개인의 노력이 단순히 소일거리로 끝나는 게 아니라 실제로 진전을 이룰 수 있다. 이런 중요한 이니셔티브를 추진하는 팀은 모든 준비가 끝난 것이다.

물론 새로운 아이디어가 항상 생겨날 테고, 특히 여러분 팀에 호기심 많은 사람들이 가득하다면 더 그럴 것이다. 하지만 전략적인 초점이 일치되어 있는 팀은 항상 적절한 질문을 가지고 새로운 아이디어에 접근한다. 새로운 아이디어의 목적은 무엇인가? 이 목표는 원래의 이니셔티브와 어떻게 일치하는가? 이 새로운 목표를 추구하기에 적합한 사람은 누구인가?

계획이 완전히 일치된 상태더라도 더 좋은 아이디어가 등장하면 무슨 수를 써서라도 원래 계획을 바꿔야 한다. 하지만 그 아이디어가 원래의 이니셔티브와 일치하지 않고 단순히 자극적이기만 하다면 아마 포기해야 할 것이다. 전체 이니셔티브를 철저히 재검토하는 힘든 작업을 수행할 준비가 되어 있다면 모를까.

이건 내가 새로운 아이디어를 접했을 때 '예스'가 그에 대한 올바른 대답인지 알아내기 위해 사용하는 주요 거름망이다. 이 방법을 통해 팀은 "예스"라고 대답했을 때 생기는 에너지를 계속 유지할 수 있고, 모두 같은 목표에 집중하면서 생산성을 최대한 높일 수 있다.

문제 해결의 시작

◇◇◇◇◇

내 생각에 "예스"라고 말하는 건 다양성의 전조다. 끊임없이 변화를 도모하는 내가 소닉에서 20년 넘게 같은 직책을 맡았다는 걸 생각하면 이상하게 보일 수도 있다. 하지만 변화는 무슨 일을 하는가에만 국한되는 게 아니라 그 일을 하는 방식과도 쉽게 결부될 수 있다는 걸 기억해야 한다.

월트 디즈니가 영화 〈밤비Bambi〉를 만들 때, 동물들을 사실적으로 묘사하기 위해 해부학 전문가를 고용해서 애니메이터들을 가르쳤다. 하이페리온스튜디오Hyperion Studios의 현장 미술 수업에서 애니메이터들은 네 발 달린 크고 작은 생물체들을 그리면서 몇 달을 보냈고 사슴의 해부학적 구조와 움직임을 보여주는 지침서도 작성했다. 디즈니는 그림이 더 실물처럼 보이기를 원했기 때문에, 사진작가들을 고용해서 메인 주 황야의 자연 서식지에 사는 사슴과 토끼의 모습을 촬영해서 애니메이터들이 그걸 보고 연구하도록 했다.

그리고 여기서 한 걸음 더 나아가, 디즈니는 애니메이터들이 동물을 직접 관찰할 수 있도록 스튜디오에 작은 동물원을 만들고 새끼 사슴 두 마리를 데려다놓았다. 덕분에 그들은 사슴을 가까이에서 볼 수 있을 뿐만 아니라 직접 만져볼 수도 있었다. 『디즈니 애니메이션Disney Animation: The Illusion of Life』이라는 책을 쓴 저자들은 이렇게 말했다. "동물의 뼈와 근육, 관절이 어떻게 결합되어 있고 어떤 방향으로 어느 정도까지 움직일 수 있는지 알아내려면 직접 만져보면서 배우는 것보다 좋은 방법이 없다. 언제나 놀라운 경험이었다."14 하지만 이 애니메이터들의 작품에 대한 헌신을 제대로 보여주는 일화는 근육과 힘줄이 세포 수준에서 어떻게 기능하는지 보기 위해 사슴 시체가 부패하는 다양한 단계까지 관찰한 것이다.

애니메이터들에게 최고의 작품을 제작할 수 있는 최고의 기회를 주기 위해, 디즈니는 다양한 전술을 이용해서 팀원들에게 영감을 불어넣었다. 디즈니가 (사슴 한 마리를 그리라는) 과제를 내준 뒤 만족스러운 결과가 나오지 않으면 몇 달 동안 예술가들에게 다른 일을 주지 않는 게 비일비재했다. 독창성을 발휘하려면 다양성이 필요하다. 이 경우에는 확실히 그랬다. 이전의 애니메이션과 비교했을 때, 〈밤비〉는 현실감이 획기적이었고 완전히 새로운 기준을 창조했다.

뭔가를 바라보는 새로운 방법이 있는가?

최상의 결과를 얻기 위해 취할 수 있는 다른 조치가 있는가?

앞에 놓인 다음 문제를 해결하기 위해 어떻게 다양성을 불어넣을 수 있을까?

리처드 브랜슨이 '예스'라는 말의 힘이 얼마나 강력한지 세상에 보여주기 훨씬 전에, 새로운 기준을 세운 또 다른 모험가가 있었다. 13세기에 이탈리아 베네치아에서 마르코 폴로Marco Polo라는 소년이 태어났다. 그는 열다섯 살이 되어서야 아버지와 삼촌을 처음 만났다. 여기저기 돌아다니면서 보석 무역을 하던 그들이 그제야 긴 항해를 마치고 베네치아로 돌아왔기 때문이다. 그들은 곧바로 다음 여행을 계획했고, 이번에는 열일곱 살이 된 마르코에게도 함께 가자고 했다. 마르코는 좋다고 했다.

이 3명의 폴로 가문 사람들은 그 후 24년 동안 아시아 곳곳을 여행했다. 그렇다, 제대로 읽은 것 맞다. 자그마치 24년이었다. 중동에서 파키스탄을 거쳐 베이징까지, 그리고 다시 중국 아모이항(현재는 샤먼Xiamen으로 알려진)에서 페르시아만에 이르기까지 그들은 도보와 말, 나중에는 배를 이용해서 이 지역을 탐험했다. 여행을 시작하고 2년 뒤, 몽골 제국 통치자이자 원 왕조의 창시자인 쿠빌라이 칸의 궁정에 도착했는데, 그는 마르코의 아버지나 삼촌과 전부터 친분이 있던 사람이었다. 칸은 젊은 폴로를 마음에 들어 해서 그를 중국 군주의 특사로 임명해 특별한 임무를 맡기고 중국, 버마, 인도 전역에 파견했다. 그가 간 특정한 장소들 가운데 일부는 워낙 잘 알려지지 않은 곳이라서, 유럽인들은 20세기가 되어서야 다시 찾아가볼 수 있었다.[15]

폴로는 20년 동안 수천 킬로미터를 횡단했다. 그는 질병과 기근을 견뎌내고, 지도에 표시되지 않은 사막과 가파른 산길을 헤쳐나갔으며, 극한의 날씨와 야생동물의 분노 앞에서 살아남았다. 그 과정에서 그는 중국 도시의 시장을 역임하기도 하고, 추밀원 관리로도 임명되었으며, 옌저우시에서 세무 조사원 일까지 해봤다. 그는 다양한 문화를 손쉽게 받아들였고, 4개 언어에 능통했으며, 베네치아로 돌아오면서 유럽인들에게 나침반, 종이, 도자기, 상아, 옥, 향신료, 지폐 등을 소개했다고 한다.

마르코 폴로의 놀라운 점은 아시아를 탐험한 첫 번째 유럽인이라는 게 아니라(첫 번째는 아니다) 그 탐험 내용을 기록한 첫 번째 인물이라는 점이다. 1300년경에 출판된 그의 저서 『동방견문록』(인쇄기가 발명되기 140년 전이라서 손으로 쓴 필사본이지만)은 그가 거친 경로, 여행의 인상, 경험 등을 자세하게 설명한다. 그의 작품은 독자들에게 새로운 세계관을 심어주었고, 무역과 탐험의 새로운 가능성을 열어주었으며, 오늘날까지도 "역대 가장 영향력 있는 여행기"로 널리 평가받는다.[16]

이게 다 마르코 폴로가 "예스"라고 말한 덕분이다. 그는 그 길이 자기를 어디로 데려갈지 전혀 몰랐다. 자신의 관심사를 하나의 장소, 하나의 결과, 하나의 언어로 한정하지 않고 계속 앞으로 나아가면서 예스라고 말한 덕분에 다양한 미지의 것들을 받아들일 수 있었다. 만족을 모르는 이런 호기심 덕분에 그는 매우 이야깃거리가 많은 삶을 살게 되었고, 세계사에서 영구적인 위치를 차지했다.

예스라고 말한 뒤에 궁리하라

2007년에 MIT 미디어 랩Media Lab은 학생들에게 맞춤형 전자 '블랙박스'를 장착하고 그들의 하루 일과(일, 회의, 식사, 외출, 수면 등)를 모니터링하는 연구를 진행했다.[17] 그 장치는 실험 참가자들이 어디로 얼마나 빨리 갔는지는 물론이고 목소리 톤이나 몸짓 언어의 미묘한 세부 사항까지 기록했다. 그 결과, 사람들이 하루 일과의 90퍼센트 정도는 아주 완벽한 루틴을 따르기 때문에, 단 몇 개의 수학 방정식만으로도 그들의 행동을 예측할 수 있다는 사실이 밝혀졌다.

우리 뇌는 원래부터 앞날을 예상하도록 되어 있다. 일상적인 루틴을 따르거나 특정한 경로를 운전하거나 어떤 일에 관례적으로 반응할 때면 우리는 습관의 노예가 되어 자기가 아는 걸 고수하는 경향이 있다. 하지만 왜 그런 걸까? 진화심리학에 따르면 오늘날 우리는 완전히 현대화된 기술과 우주탐사, 가상현실의 세계에 살고 있지만, 우리 마음속에는 석기시대 수렵 채집인들의 사고방식이 여전히 뿌리 깊게 남아 있다고 한다. 즉, 오늘날에도 위협을 느꼈을 때 격렬하게 싸우는 본능이나 정보를 교환하고 비밀을 공유하려는 타고난 욕구 등 당시에 생존을 가능케 했던 특징들을 여전히 추구하는 것이다.

살다 보면 절대 변하지 않는 것들이 있는데, 그건 우리의 본성 때문일 수도 있지만 일부러 자동조종 모드에 따라 살기로 했기 때문일 수도 있다. 우리가 친숙함을 택하는 이유는 그게 가장 안전하게 느껴지기 때문이다. 일상에 갇혀서 탐험을 꺼리면서 그곳에 계속 머무르려는 건 살아남기 위해 애쓰고 있기 때문이다. 하지만 현대 생활에서 중요한 것은 살아남는 게 아니라 번창하는 것이다. 익숙한 것에서 벗어나 단순한 생존 이상의 것을 추구하기로 결심한다면 어떻게 될까? 예측 불가능한 경로를 골라서 번영을 꾀한다면 여러분의 세계는 어떻게 보일까?

인생

인간관계는 우리가 가장 자연스럽게 다양성에 저항하는 분야 중 하나이자, 가장 자연스럽게 일상화되는 분야다. 우리는 같은 사람들을 만나고, 같은 사람들과 이야기하고, 같은 사람들을 신뢰한다. 사람은 우리가 살면서 받는 가장 큰 선물 중 하나인데, 왜 이

미 알고 지내는 소수의 사람들에게만 그 축복을 제한하는가?

어릴 때 여름캠프에 갔던 일이 기억나는가? 처음 도착했을 때 기분이 어땠는가? 여러분도 나와 비슷하다면, 약간 들뜨면서도 엄청나게 불안했을 것이다. 그곳에 내가 모르는 수많은 아이들이 있다는 이유 하나 때문이었다. 이제 여름캠프가 끝날 무렵에 항상 느끼던 기분을 떠올려보자. 아마 살면서 가장 고양된 기분에 젖어 있었을 것이다. 만나는 걸 그렇게 불안해했던 아이들과 너무나 친해진 나머지, 짐을 싸고 작별 인사를 나눌 때 눈물을 꾹 눌러 참았을지도 모른다!

새로운 관계를 맺을 때는 캠프에 가는 아이처럼 주저할 수도 있지만, 캠프에서 가장 보람 있었던 부분은 다양한 활동이 아니라 캠프에 가지 않았더라면 만나지 못했을 사람들과의 풍부한 우정이라는 걸 기억할 수도 있다. 내가 아는 어른들 중에는 캠프에서 사귄 친구를 지금도 인생 최고의 친구로 여기는 이들이 많다.

일

근무 시간 또는 자기가 하는 일 전반의 어떤 요소가 전보다 시시하고 지루해졌는지 생각해보자. 구체적으로 생각해봐야 한다. 비좁은 책상? 꽉 막힌 시야? 단조로운 업무? 그럼 이제 자기가 이런 요소에 어떻게 대처하고 있는지 생각해보자. 상황을 보다 활기차게 만들기 위해 자기 능력 안에서 할 수 있는 일이 있을까?

직장이 지루해지면 무조건 이직을 하라는 얘기가 아니다. 권태로운 일상을 완화하는 다채로움을 더하기 위해 본인이 할 수 있는 손쉬운 일이 몇 가지 있다는 뜻이다. 근무 중에 몇 시간 정도씩은 앉아서 일하는 대신 서서 일해보면 어떨까? 자세를 바꾸면 생각보다 큰 효과가 생길 수 있는데도 지금까지는 일하는 자세와 관련된 문제가 저평가되어 왔다. 일주일에 몇 시간 혹은 며칠 동안 원격근무를 한다면 어떨까? 집에서든 카페에서든 주변 풍경이 바뀌면 여러분의 하루에 새로운 활기를 불어넣을 수 있다. 끔찍한 일상 업무를 아침이 아닌 오후에 처리하기로 한다면 어떨까? 그 일을 할 때 음악을 들을 수 있다면, 다양한 뮤지션의 음악을 들어보고 어떤 음악을 들을 때 그 일을 가장 즐길 수 있는지 알아보자.

변화, 특히 작은 변화를 두려워하지 말자. 업무 환경에서 일반적으로 일을 처리하는 방식을 서서히 바꿔나간다고 해서 기존의 권력 구조에 큰 위협이 되거나 현재의 방법이 완전히 달라지지는 않는다. 빠른 시일 내에 큰 결과를 얻을 수 있는 작고 일상적인 투자에 집중하자.

리더십

현재 우리는 지배적인 힘을 발휘하는 기술 덕분에 그 어느 때보다 빨리 변하는 작업 환경에서 살고 있다. 지금은 엄격한 규칙과 절차의 노예가 되는 시대가 아니다. 물론 CEO인 나는 효율성을 높이려면 특정한 프로토콜이 필요하다는 걸 알고 있다. 특히 대기업을 이끄는 경우에는 더욱 그렇다. '내용'이 동일하게 유지되어야 한다면, '방법'을 좀 더 다양하게 시도해보자.

고객이 받은 제품에 불만이 있는 경우, 회사는 금전적인 손실 없이 고객을 만족시킬 수 있는 프로토콜을 준비해두었을 가능성이 높다. 그게 바로 '내용'인데, 대개 전화기에서 연결번호를 눌러 반품 접수를 한 다음 며칠 이내에 매장에서 돈을 환불해주는 등의 방법을 쓴다. 많은 기업들이 이 방법을 계속 고수하면서 바꾸고 싶어 하지 않는다. 그러니 아마 그걸 수행하는 '방법'을 바꾸거나 그쪽에 다양성을 부여하는 게 나을 것이다.

토니 셰이는 자포스 고객들이 항상 최고의 판단력을 발휘할 자유와 융통성이 보장된 진짜 사람과 대화할 수 있는 새로운 '방법'을 도입했다. 일례로 어떤 여성 고객이 부츠를 반품하려고 전화를 걸었다. 알고 보니 아버지를 위해 부츠를 샀는데, 그 직후에 돌아가신 것이다. 자포스의 고객 서비스 담당 직원은 힘들게 반품하지 않아도 괜찮다고 말했다. 돈을 환불해줄 테니, 부츠는 반품하지 말고 필요한 사람에게 주라고 했다. 통화가 끝난 뒤, 담당 직원은 고객에게 꽃을 보냈다. 얼마 뒤, 고객은 직원에게 편지와 아버지 사진을 보내왔다.

셰이는 '방법'을 다시 구상해서 사람들에게 신뢰를 심어주었을 뿐만 아니라, 회사 브랜드도 매우 유명해지고 사랑받게 되었다. 그는 실제로 고객 서비스 부서를 매우 효율적으로 만들었다.

오늘날 리더인 우리가 던져야 하는 첫 번째 질문은, 우리 일상의 어느 부분이 신속한 변화를 불가능하게 하는가이다. 그리고 두 번째로는 어떻게 하면 '방법'을 유연하게 유지할 수 있는지 물어야 한다.

5장

굳이
기회를 만들려
애쓰지 않는다

적대적 인수와 해고의 위기

◇◇◇◇◇

때로 가장 좋은 기회를 잡기 위해서는 계획과 사전 숙고, 영업 기술이 필요하며, 수개월간의 노력 끝에 마침내 거래가 성립되거나 계약이 체결되거나 새로운 파트너십을 맺게 된다. 이런 힘든 싸움은 매우 보람 있는 일이다. 자기가 상황을 통제하고 있다는 기분이 들면서 자존감이 커지고 자신감도 좀 생긴다.

어떤 때는 기회가 갑자기 나타나서 엉덩이를 물어뜯기도 한다. 이런 경우는 많은 계획이나 준비를 해두지 않은 상태일 것이다. 여러분은 전략적으로 행동하거나 술책으로 다른 사람을 이기려고 하지 않았다. 그냥 열심히 노력하면서 하던 일을 계속하고, 기회가 찾아오면 그걸 기존 계획에 포함시키거나 아예 그 기회 자체를 자신의 계획으로 삼기도 했다.

내 인생을 거의 혼자 힘으로 변화시킨 사람, 그의 행동 덕분에 내게 엄청난 기회를 안겨준 사람(그가 의도한 일은 아니었겠지만)을 소개하겠다. 그의 이름은 짐 배럿Jim Barrett이다. 그는 내가 소닉에서 처음 만난 사람들 가운데 한 명이기도 하고, 그보다 훨씬 전인 10대 후반에도 부모님을 통해 그를 만난 적이 있다. 그는 회사 임원일 뿐만 아니라 주주이자 이사, 그리고 30개 이상의 점포를 소유한 가맹점주이기도 했다. 그는 돈을 아주 잘 벌었고 워싱턴 D.C.에 있는 아메리칸대학에서 법학 학위도 받았다. 또 고인이 된

로버트 S. 커Robert S. Kerr 상원의원의 워싱턴 사무실에서 일한 적도 있는데, 아마 그 도시의 뭔가가 그에게 강한 영향을 미친 듯하다. 그는 영리하고 끈질긴 사람이었다.

내가 1984년에 소닉에 입사할 무렵, 배럿은 더 이상 임원이나 이사는 아니었지만 여전히 소닉 주주고 매장들도 그대로 소유하고 있었다. 나는 그가 회사를 떠난 게 모종의 압력 때문이라고 알고 있었기 때문에, 그가 회사에 반감을 품고 있을 거라고 생각했다.

1985년 초 배럿이 요청한 회의에 내가 참석하게 된 건 꽤 아이러니컬한 일이었다. 당시 나는 겨우 서른 살이 넘었고 회사에 들어온 지도 얼마 안 되었기 때문에, 그냥 안간힘을 다해 버티면서 최대한 많이 배우려고 노력하고 있었다. 내 상사는 서른여섯 살이었기 때문에 남들이 보기엔 우리 둘 다 머리에 피도 안 마른 애송이들이었다. 배럿은 우리 부모님과 비슷한 연배였기 때문에 아마 50대 중반쯤이었을 것이다. 그는 자기 변호사와 함께 회의실로 들어왔는데, 나는 그 변호사 얼굴을 즉시 알아봤다. 그와는 거의 15년 전부터 알고 지낸 사이였다. 지역사회 활동을 하다가 처음 만났고, 대학에 다닐 때는 그가 소유한 식당에서 일한 적도 있고, 조지타운 법대에 지원할 때는 그에게 추천서를 써달라고 부탁하기도 했다. 그래서 나는 거기 모인 사람들 가운데 가장 어렸지만, 거기 있는 모두를 아는 유일한 사람이기도 했다. 그런 사실 때문에 긴장이 풀릴 수도 있었겠지만, 나는 오히려 매우 초조해졌다.

배럿은 곧장 본론으로 들어갔다. 그는 회사의 모든 것이 불만스

럽다면서 놀라운 협박을 했다. 자기가 회사를 인수하겠다고 말이다. 300명의 주주들과 만나 얘기를 나누고, 그들을 설득해서 필요한 만큼 지분을 매입해 회사 경영권을 장악한 뒤, 우리를 모두 해고하고 다른 사업 부문은 모두 없앤 채 프랜차이즈 본부로 운영하겠다는 것이다. 이대로라면 회사는 그의 것이 될 것이다. 완전히 망연자실해서 그의 말을 듣고만 있었던 게 기억난다. 우리 중 누구도 그런 일이 생기리라고는 예상하지 못했다. 그러니까 그가 뭔가에 불만을 품은 적은 많았지만, 회사를 적대적으로 인수한 뒤 모든 직원을 해고하겠다고 말할 정도는 아니었다는 얘기다.

당시 CEO도 나만큼이나 충격을 받았다. 배럿이 얼마나 진지하게 말한 건지는 정확하게 알 수 없었지만, 그가 이 일을 성공시켜서 소닉을 인수할 수도 있겠다는 걱정이 드는 게 당연했다. 회사를 살 기회가 있다면 고위 경영진도 관심을 보일 테고, 더 중요한 건 석유 파동으로 인한 당시의 경제 상황 때문에 아무도 일자리를 잃고 싶어 하지 않았다는 것이다. 회의가 끝나자마자 상사는 회사 설립자와 이사진에게 전화를 걸었다. 그가 할 수 있는 일은 그 정도뿐이었다.

기회의 속성

◇◇◇◇◇◇

소닉 설립자인 트로이 스미스Troy Smith는 배럿의 잠재적인 인수 계획에 경각심을 느꼈고, 똑같은 방법으로 그를 저지하기 위해 회사 주주인 친구들을 만나 그들이 보유한 주식의 의결권을 달라고 했다. 지분을 최대한 많이 확보하기 위해서였다. 결국 그는 전체 주식 중 51퍼센트에 대한 의결권을 얻어 사실상 배럿의 시도를 차단했다. 나는 조용하고 현명한 트로이가 배럿의 위협을 저지한 방식에 감명을 받았다.

하지만 트로이는 곧 문제에 부딪혔는데, 여기서부터 문제가 조금 까다로워지기 시작한다. 트로이는 여전히 이사회에 소속되어 있었는데, 이사인 그는 자신에게 신인 의무가 있다는 조언을 변호사에게 받은 듯하다. 주식의 공정시장가치FMV를 찾으려는 배럿의 노력을 좌절시켜서는 안 된다고 말이다. 왜냐하면 그가 제시한 가격은 당시 거래 가격보다 높아서 주주들에게 최선의 이익이 돌아갈 수도 있었기 때문이다. 그래서 트로이는 그 뒤부터 이런 새로운 규정을 피하기 위해, 소닉 주식에 대한 자신의 의결권을 FMV와 동일한 행사 가격으로 경영진에 맡겼다. 이 방법은 아주 효과적으로 작용해서, 설립자의 등에 달라붙은 신인 의무라는 원숭이를 떼어 내는 동시에 배럿이 발행 주식의 과반수를 매입해서 회사 경영권을 획득하는 걸 막았다.

트로이는 몇 년 뒤 내게, 경영진이 그 의결권을 행사하는 일만큼은 절대 없기를 바랐다고 말했다.

하지만 앞서 얘기한 것처럼 전임 CEO도 소닉을 사고 싶다는 생각을 예전부터 몰래 품고 있었는데, 갑자기 기회가 찾아왔다. 전임 CEO와 경영진이 회사를 사지 못한 이유는 돈이 거의 없었기 때문이다. 수백만 달러를 구할 수 있는 유일한 방법은 회사 자산을 담보로 은행이나 다른 금융 기관에서 자금을 조달하는 기업 담보 차입 매수LBO뿐이었다. 당시 경영에 참여했던 사람들은 모두 찬성했기 때문에, 우리는 소닉을 매입하기 위한 자금을 조달하기 시작했다. 12개월 동안 금융기관 20곳을 찾아가봤지만, 20번의 거절과 환불되지 않는 10만 달러의 보증금 외에는 남은 게 없었다(게다가 그 돈은 전액 다 빌린 것이다). 80년대 중반의 미국 남서부는 자금을 조달하기가 쉽지 않은 곳이었다(당시에는 은행들도 다 파산 직전의 상태였다). 자금도 부족하고 차입금도 적은 집단이 수익이 별로 높지 않은 회사를 매입하려 했으니, 차라리 할머니에게 가서 돈을 빌리는 편이 나았을지도 모르겠다. 우리가 원하는 자금을 마련할 가능성은 매우 낮았다. 그러던 어느 날 톰 반 다이크Tom Van Dyke의 전화를 받았다.

톰은 캔자스시티에서 활동하는 기업 및 증권 전문 변호사이자 우리 회사 이사였다. 그는 이 힘든 상황에서 이사회와 경영진의 신탁 보호를 위해 이사회를 훌륭하게 이끌었다. 나는 톰을 존경하게 되었지만, 전임 CEO는 그에게 자주 불만을 품었다. 곤혹스러운 이사회 거버넌스 문제를 처리하려면 톰 같은 전문지식이 필요한데 상사에게는 아무런 배경지식도 없었다.

톰은 레스토랑 체인을 매입한 다른 고객을 위한 거래를 막 끝낸 참이었다. 내가 잘 모르는 헬러 파이낸셜Heller Financial이라는 회사가 이 거래를 위한 자금을 조달했는데, 헬러는 우리를 거절하지 않은 곳이기도 했다. 톰은 이 회사에서 대출을 받으면 이자가 매우 비싸긴 하겠지만, 상업 은행이 아니라서 감독 기관도 다르고 운영 조건도 다르다고 주장했다. 톰이 헬러 부사장인 앨런 로닌Allen Ronin의 이름과 연락처를 알려줬다. 아직 상황이 완벽하게 이해되지는 않았지만, 어쨌든 일을 진행시켜 보기로 했다.

우리는 전적으로 톰의 추천만 믿고 그에게 연락했다. 그는 우리 상황을 살펴보겠다면서, 지금 자기가 동부에서 서부로 이동 중이니 이곳에 직접 와서 확인할 수 있다고 말했다. 이건 또 하나의 기묘한 사업 거래로 판명될 것이다.

우선 첫 번째, 앨런이 방문했을 때 CEO가 자리를 비웠다. 그래서 회계 담당자가 그와 얘기를 나누다가 내게 그를 잠시 맡겼다. 결국 그는 그날 대부분의 시간을 나와 함께 보냈는데, 나는 일개 변호사일 뿐이다. 이게 두 번째로 이상한 일이다. 하지만 공교롭게도 나는《뉴욕 타임스》일요판의 비즈니스 섹션에 실린, 당시 씨티은행 CEO였던 존 리드John Reed에 관한 기사를 읽고 있었다. 앨런은 과거 씨티은행에서 일했고 리드의 열렬한 팬이었다. 세 번째 이상한 일. 우리 두 사람은 오후 내내 존 리드와 씨티은행, 투자와 성공에 필요한 것에 대해 얘기했고 정신을 차려보니 어느새 방문 시간이 끝나 있었다. 그는 짐을 싸서 로스앤젤레스로 돌아갔다.

존 리드가 문을 나설 때 이상할 정도로 낙관적인 모습을 보이긴 했지만, 그가 필요한 정보나 원하는 다른 정보를 얻지 못했을 거라고 생각했다. 나는 그가 자기 회사를 움직이기 위해 노력할 준비가 되어 있다는 걸 몰랐다. 그리고 며칠 뒤, 그는 매입 가격의 거의 70퍼센트에 달하는 돈을 대출해주겠다는 약정서를 보냈다. 더 이상의 실사는 없었다. CEO나 투자 은행가와 만나지도 않았다. 아무것도 하지 않았다. 경영진이 소닉을 매입할 때 구매 가격의 3분의 2를 헬러가 대주겠다는 약정서만 남았다. 아직 전체 자금의 3분의 1을 더 모아야 하지만, 이것만으로도 놀라운 발전이었다.

그리고 마지막으로 벌어진 기묘한 사건 전개는, 헬러를 대표해서 우리에게 대출 약정을 해준 앨런 로닌이 얼마 뒤 헬러를 그만둔 것이다. 시기가 정확하게 기억나지는 않지만, 우리에게 약정서를 보내고 몇 주 안에 그만뒀던 건 분명하다. 그래서 그 시점에 우리는 모두 우리 꿈도 그의 발자취를 따라가게 될지 궁금했다. 헬러 사람들이 거래 내용을 보고는 속으로 웃으면서 정중히 거절하는 게 타당해 보였다. 하지만 놀랍게도 그들은 그러지 않았다.

그렇게 해서 우리는 배럿이 CEO 사무실에서 회사를 인수하겠다고 주장한 지 1년도 안 되어 소닉을 매입하기 위한 준비를 마쳤고, 이렇게 일이 진행되자 트로이 스미스는 회사 발행 주식의 51퍼센트에 대한 의결권을 경영진에게 넘겨주었다. 투자 은행가의 도움을 받아 헬러 산하에 있는 휴스턴의 한 투자 그룹을 통해 매입가의 17퍼센트를 빌렸고, 그 회사와 경영진이 힘을 합쳐 소닉 주식을 100퍼센트 소유하기 위한 현금을 마련했다.

모든 걸 공식화해야 하는 날, 결국 현금 합병 형식이 된 이 거래를 마무리해야 하는 날이 왔다. 주주들은 자기가 보유한 주식을 모두 팔아야 했는데, 아무도 그러고 싶어 하지 않았기 때문에 힘든 하루였다. 거래가 마무리되던 날, 사람들이 찾아와서 상황이 흘러가는 모습을 보고 몹시 불쾌해했던 기억이 난다. 심지어 짐 배럿도, 회사를 매수하겠다고 위협해서 이 모든 일을 초래한 사람도 봤다. 다들 낡은 회사 본사에 모습을 드러냈고, 거래는 그렇게 성사되고 종료되었다.

개인적으로 당시에는 소닉의 주식을 보유하게 되었다는 생각에 별로 열광하지 않았다. 그 회사에 오래 머물 생각이 없었고, 아직 회사가 그렇게 튼튼해 보이지도 않았다. 게다가 그 거래에는 별로 마음에 들지 않는 부분들이 있었다. 그래서 그때는 돈을 최대한 조금만 투자해야겠다고 결심했다. 회사 주식 1퍼센트의 가격이 2만 5000 달러로 책정되었고, 그게 1인당 구입할 수 있는 최소 금액이었기 때문에 그만큼만 사기로 했다. 1만 5000달러를 빌리고 7500 달러 정도의 가치가 있는 스톡옵션을 더하고 2500달러는 현금으로 냈다.

그게 1000만 달러에 소닉을 매입할 때 내가 투자한 돈이다. 그리고 2년 반 동안 지분을 매각하거나 비중을 늘려서 내 위치를 재고

하려 하지 않고, 얼마 안 되는 초기 투자분을 그냥 쥐고만 있었다.

1988년 12월, 유상증자를 통해 회사 자본을 완전히 재확보하고 회사 지분의 40퍼센트를 소유하고 있는 휴스턴 파트너의 주식을 다 사들일 기회가 생겼다. 소닉의 가치가 상당히 상승했고, 우리는 소유권을 재편해 회사를 떠난 많은 내부자들의 지분까지 사들일 수 있었다. 사실 이 거래 덕분에 내가 소유한 회사 지분이 1퍼센트에서 8퍼센트로 늘어났다. 내 돈은 한 푼도 들어가지 않은 채로 말이다. 회사 가치가 엄청나게 높아졌기 때문에, 내가 원래 갖고 있던 지분을 신설 법인에 매각해 상당한 이익을 얻었다. 처음 투자한 현금은 2500달러인데, 새로운 법인과 합쳐지면서 지분의 8퍼센트를 받았고, 최종적으로 투자 자금을 회수할 때 60만 달러의 현금과 25만 달러짜리 약속 어음을 받았다.

3년도 채 안 되는 사이에 정말 놀라운 수익을 올린 것이다!

좀 더 큰 그림을 볼 수 있도록 다시 정리하자면, 우리는 1986년에 1000만 달러를 주고 회사를 매입했고, 1988년에 3500만 달러 규모의 유상증자를 했으며, 1991년에 주식 상장을 해서 1억 달러의 자금을 조달했다. 1991년이 되자 내가 1988년에 취득한 8퍼센트의 지분 가치가 600만 달러가 되었다. 그게 끝이 아니었다. 그 이후 8개월 동안 주가가 2배 이상 상승해서 내가 보유한 소닉 주식의 가치가 1500만 달러로 늘어난 것이다.

자, 이제 여러분의 엉덩이를 물어뜯고 있는 기회에 대해 얘기해 보자.

로마노프 왕조를 몰락시킨 라스푸틴

◇◇◇◇◇

기회를 알아차리는 것과 기회주의자가 되는 건 다르다. 기회주의자란 말을 들으면 착취, 계산, 부정 이득 같은 온갖 부정적인 의미가 떠오른다. 여러분도 그런 사람을 아는가? 상황을 악용해서 다른 사람보다 우위를 차지하려는 사람을? 역사 속에는 그런 이들이 수없이 많다.

라스푸틴 같은 사람 말이다. 그리고리 예피모비치 라스푸틴 Grigory YefimovichRasputin은 1800년대 후반에 태어나 젊은 시절에 개종한 뒤, 자기 고향인 시베리아 서부에서부터 그리스의 아토스 산, 예루살렘 등지까지 여행했다. 그는 자신을 '스타릿츠starets'라고 하면서 자칭 성인聖人 행세를 하기 시작했다.

그는 30대 때 이리저리 떠돌다가 러시아 제국의 수도였던 상트페테르부르크에서 특별한 치유력을 가진 신비주의자로 명성을 얻기 시작했다. 그의 거친 외모와 빤히 응시하는 눈빛도 그 소문을 부추기는 데 일조했다. 그는 황제 니콜라이 2세와 그의 아내 알렉산드라도 만났는데, 당시 황제의 어린 아들이 혈우병을 앓아서 종종 걷잡을 수 없는 출혈을 겪곤 했다. 니콜라이와 알렉산드라는 라스푸틴에게 도움을 요청했고, 그는 방법은 정확하게 알 수 없지만 어쨌든 아이의 증상을 가라앉히고 상태를 호전시키는 데 성공했다(가장 유력한 이론은 최면을 사용했다는 것이다[18]). 어쨌든 그때부터 라스푸틴은 왕가의 끝없는 감사를 받으면서 왕실에 자유롭게 드나들 수 있게 되었다.

1914년에 제1차 세계대전이 발발하자, 니콜라이 황제는 러시아 최전방 부대를 직접 지휘하기 위해 떠나면서 알렉산드라에게 내정을 맡겼다. 이미 궁중에서 한 자리를 차지하고 있던 라스푸틴은 자신의 영향력을 확대하기 위해 부지런히 움직였다. 그와 알렉산드라는 자기들 마음에 들면 자격이 없는 사람도 정부 요직에 임명하는 등 여러 가지 잘못된 결정을 내렸다.

라스푸틴은 자신의 지위와 권력을 최대한 활용하면서 논란 많은 인물이 되었다. 추종자들에게 뇌물과 성 접대를 받았고, 적들은 그를 종교적 이단과 강간 혐의로 고발했으며, 황제에게 부당한 정치적 영향력을 행사한다는 의심을 받았고, 알렉산드라와의 불륜설까지 떠돌았다.[19]

러시아 국민들에게 라스푸틴은 제국 정부의 잘못된 부분을 전부 상징하는 존재였다. 궁중과 왕실은 조롱거리가 되어 경멸을 받았다. 1916년 말에 왕당파들이 라스푸틴을 죽였지만 그가 야기한 모든 피해를 복구하기에는 너무 늦었고, 특히 니콜라이 황제와 그의 국민들 사이는 완전히 틀어져 있었다. 라스푸틴이 죽은 직후에 혁명이 일어나 니콜라이는 왕위에서 물러나야만 했다.

3세기 동안 이어진 로마노프 왕조의 몰락은 누군가가 사리사욕을 위해 기회를 조작했을 때 벌어질 수 있는 일의 극단적인 사례일 수도 있지만, 어떤 이들이 성공을 기록하기까지 걸리는 시간을 정확하게 표현한 것이기도 하다. 그처럼 교활하지 않은 대부분의 사람들은 이리저리 돌아다니면서 성공을 그러모으다가 우연히 기회를 발견하고는 순수한 의도와 왕성한 호기심을 발휘해 그 기회를 최대한 활용한다. 물론 그 둘 사이에는 다양한 수준의 노력과 의도적인 계획, 자발적인 추구 등이 포함된 스펙트럼이 존재한다.

그래서 짐 배럿은 어떻게 되었을까? 짐은 다른 사람들을 끌어들이지 않고 혼자 힘으로 기회를 만들려 했다. 이건 내가 여러분에게 잡으라고 제안하는 그런 기회가 아니다. 나는 의무를 분담하고 경제적 부도 나누자는 입장이다.

배럿이 회사를 산 뒤 우리를 해고하겠다고 했을 때, 그는 약 30개 정도의 소닉 드라이브인 매장을 소유하고 있었다. 대럴 로저스Darrell Rogers와 바비 메릿Bobby Merritt이라는 그의 동료 2명도 비슷한 규모의 매장을 운영하고 있었다. 1986년에 경영진이 회사를 매입하자, 배럿은 1987년에 가맹점 본부인 우리 회사에 일정 금액을 지불한 뒤 자기 소유의 매장들을 소닉 시스템에서 분리하겠다고 제안했다. 경영진은 그 제안에 선뜻 동의했다. 30년 뒤에 내가 소닉에서 은퇴할 때, 짐 배럿의 사업체는 매장 수가 눈에 띄게 늘지 않은 상태였다. 매출은 증가했을지도 모르지만 확인할 수는 없었다. 그와 동시대 인물인 대럴 로저스와 바비 메릿이 운영하던 사업의 경우, 1987년에는 배럿의 사업체와 규모가 비슷했지만 소닉이 폭발적으로 성장하면서 그들도 규모가 엄청나게 커졌다. 매장 수는 10배, 매출은 20배 늘었고, 개인 재산도 대폭 증가했다.

배럿은 내 인생과 다른 많은 이들의 사업 경력을 바꿔놓은 기회를 만들었다. 하지만 2016년에 나온 배럿의 부고 기사에 정작 그의 사업 경력에 대한 언급은 거의 없었던 것으로 기억한다.

다른 사람이 만든 기회를 잡는 법

모든 걸 자기 힘으로 해내지 못한다 한들 뭐 어떤가? 자기 능력에만 의지해서 기회를 만드는 건 힘들고 오래 걸리기도 하며 성공할 확률보다 실패할 확률이 높다. 그러므로 남들이 만든 기회를 찾아서 잡는 법을 배워야 한다. 기회는 어디에나 존재한다. 중요한 것은 그걸 찾을 수 있어야 하고, 그와 동시에 전체적인 그림을 볼 수 있어야 한다. 나는 그걸 '원형 비전'이라고 부른다. 항상 전체적인 그림을 보면서 현재는 어떤 상황이고 앞으로 어떻게 될 가능성이 있는지 파악하는 것이다. 직관력과 탐구심을 일깨우면서 모든 일에 대비하는 게 합리적이고 전략적인 마인드를 사용하는 것보다 중요하다. 자기가 만들 수 있는 기회에만 집중하면 스스로 깨닫는 것보다 더 많은 기회를 놓치게 되는데, 눈앞에 있는 가장 좋은 기회까지 놓칠 수도 있다.

여러분은 주변 사물에 신경을 쓰는 편인가? 역사적으로 봐도 이렇게 눈을 크게 뜨고 다가가는(그게 제2의 천성이든 아니면 의식적인 노력이든 간에) 사람들이 인생을 바꾸는 중대한 발견을 하는 경향이 있다. 그들은 또 그 일을 혼자서 한 것도 아니다. 즉, 기회를 우연히 발견한 첫 번째 사람이 아니라, 자신의 상황을 활용해서 기회를 실현한 첫 번째 사람이라는 얘기다.

크리스토퍼 콜럼버스Christopher Columbus는 아메리카 대륙을 발견한 것으로 유명하지만, 배나 지도나 해양 탐사를 발명한 사람은 그가 아니다. 사실 그는 북아메리카 대륙에 발을 디딘 최초의 유럽인도 아니었다. 그로부터 수세기 전에 아이슬란드 출신의 북유럽 탐험가인 레이프 에릭손Leif Ericsson이 먼저 갔다. 그러나 콜럼버스의 항해와 노력 덕분에 유럽이 아메리카 대륙에 주목하게 되고 두 대륙 사이의 영구적인 관계가 시작되었다. 역사학자인 마틴 두가드Martin Dugard는 "콜럼버스가 유명한 이유는 그곳에 처음 갔기 때문이 아니라 그곳에 머물렀기 때문이다"라고 설명한다. 패치 셔먼Patsy Sherman은 불소계 유기화합물 고무를 처음 발명한 사람은 아니지만, 그게 동료의 테니스화 위에 쏟아졌을 때 지워지지 않는 걸 보고 새로운 가능성을 발견했다. 오염물질이 쏟아져도 스며들지 않게 막아주는 스카치가드Scotchgard는 그렇게 탄생했다. 크레이그 뉴마크Craig Newmark는 샌프란시스코 지역에서 곧 열릴 사교 행사를 의논하려고 친구 10명에게 이메일을 보냈다. 다른 사람들이 자기도 참조인 목록에 추가해줄 수 있느냐고 묻는 이메일을 보내기 시작하자, 그는 이들의 관심을 일자리나 팔려고 내놓은 물건으로 확장시킬 수 있다는 걸 깨달았다. 그는 1997년에 크레이그리스트Craigslist.org, 미국의 인터넷 중고거래 사이트−옮긴이를 시작했다. 노아 맥비커Noah McVicker는 가족이 운영하는 비누 회사를 위해 벽지 클리너로 사용할 물질을 만들었다. 하지만 큰 성공을 거두지 못했다. 노아의 조카인 조셉 맥비커Joseph McVicker는 접합제처럼 생긴 이 물질에 독성 화학물질이 함유되어 있지 않고 재사용이 가능하다는 데 주목했다. 그는 이것이 학교에서 미술이나 공작 수업을 할 때 모형을 만들기에 괜찮은 재료가 될 거라고 생각했고, 그렇게 해서 플레이도Play-Doh가 탄생했다.

'자기 마음대로 하는 게' 가장 빠른 시간 안에 성공과 즐거움을 얻을 수 있는 방법이라고 생각하는 건 오만할 뿐만 아니라 전략적으로도 게으른 태도라고 생각한다. 우리는 그럴 필요가 없다. 다른 사람들이 우리 주변에 만들어놓은 기회가 대부분 더 발전적이고 효율적이기 때문이다. 따라서 기회를 만드는 게 아니라 있는 걸 포착하는 게 더 중요하다. 독창적이지 못한 도둑이 되어야 한다는 얘기가 아니다. 기회는 소유할 수 있는 게 아니기 때문에, 다른 사람이 만든 기회를 잡는 것은 훔치는 게 아니다. 지금까지 아무도 생각하지 못했던 걸 알아차리는 것뿐이다.

인생

마지막으로 유익한 대화를 나눈 게 언제인가? 머릿속을 가득 채우는 깨달음과 희망을 안겨준 대화 말이다. 생각과 감정, 아이디어, 정보를 교환하는 건 일상적으로 일어나는 일인데, 그게 우리의 현재 궤도에 어떤 의미를 안겨줄 수 있는지에 대해서는 제대로 인식하지 못하는 듯하다. 간단한 대화가 예상치 못한 기회의 문을 열어주는 파급 효과를 촉진할 수도 있다.

중요한 건 실력이 아니라 인맥이라는 말을 다들 들어봤을 것이다. 우리가 지금 살고 있는 인적 네트워크 세상에서는, 언제 누구와 나눈 대화가 큰 기회로 이어질지 알 수 없다. 그 사람에게 좋은 인맥이 있거나 행운으로 이어지는 연결고리가 있을 수도 있기 때문이다. 나한테도 그런 일이 수없이 일어났다. 내가 즉석에서 언급한 일에 대해 함께 대화를 나누던 사람이 예상치 못한 통찰력이나 정보, 관점을 제공하기도 하고 적절한 인물을 소개해주기도 했다. 그 대화 자체도 기회를 잡은 것이었지만, 그 후에 더 크고 좋은 기회로 연결되는 촉매제 역할까지 했다.

여러분이 만나게 될 사람들은 모두 여러분이 모르는 뭔가를 알고 있다. 그들에게 무얼 배울 수 있을까? 뭘 볼 수 있을까? 대화를 나누면서 어떤 기회가 생기게 될까? 대화는 우리가 가는 곳 어디에나 씨앗을 뿌릴 수 있게 해주며(사람, 일자리, 새로운 사업, 경험 등), 그중 어떤 씨앗이 싹을 틔울지는 확실히 알 수 없지만, 씨를 많이 뿌릴수록 잠재적인 수확이 커질 것이라고 믿는다.

일

직장에서는 잘못될 수 있는 일이 무수히 많다. 이 문장을 읽는 것만으로도 어떤 일을 실패했던 기억이 떠오를 거라고 장담한다. 판매 목표나 할당량을 채우지 못했거나 마감일을 지키지 못했을 수도 있다. 회의 준비를 못했거나 아예 참석하지 못했을 수도 있다. 팀원이나 팀장을 실망시켰을 수도 있다. 중요한 영업을 망쳐서 속이 탔을지도 모른다. 개인적인 삶에서와 마찬가지로 일에서도 실패는 불가피하다. 아무리 뛰어난 사람에게도 이런 일은 일어나게 마련이다.

좋은 소식은 실패에서 기회를 찾을 수 있다는 것이다. 모든 사업은 하나의 실험이고, 실험의 본질이 그렇듯이 시도하기 전까지는 답을 알 수 없다. 실패는 뭐가 효과가 없는지를 알려주기 때문에, 우리는 방향을 돌려서 효과가 있는 걸 더 빨리 찾을 수 있다. 한마디로 접근 방식을 변경할 수 있는 기회다. 토머스 에디슨Thomas Edison은 전구 발명에 성공하기 전에 전구와 관련된 수천 개의 이론을 만들었다. 그는 "나는 실패한 적이 없다. 그저 효과가 없는 1만 개의 방법을 찾은 것뿐이다"라고 말했다.

기회는 어디에나 있고, 누구나 차지할 수 있으며, 때로는 실패가 기회를 향해 나아가는 가장 확실한 방법이 되기도 한다. 실패를 통해 찾을 수 있는 기회는 무엇인가? 실패한 걸 어떻게 활용해서 다른 걸 만들 수 있을까?

리더십

성공적인 리더가 되는 데는 여러 가지 속성이 있다. 전문가 12명에게 물어보면 헌신, 민첩성, 전략, 규율, 책임감, 겸손 등 12가지 다른 답을 얻을 수 있을 것이다. 그런데 어쩌면 경청이라는 답은 듣지 못할 수도 있다(꼭 들을 수 있기를 바라지만). 성공적인 리더십 발휘를 위해서는 효과적인 경청 능력이 꼭 필요하며, 귀를 기울이지 않았다면 드러나지 않았을지도 모르는 기회를 찾는 열쇠가 될 수 있다.

가장 최근에 누군가의 아이디어에 귀를 기울이다가 깨달음을 얻은 건 언제인가? 팀원들의 생각에 적극적으로 귀를 기울였을 때 어떤 긍정적인 결과를 얻었는가? 내 경험상 곧바로 조언을 해주거나 문제를 해결하려고 하기보다, 자유로운 논의가 가능한 질문을 던지는 게 좋다. 호기심은 매우 유용할 수 있는데, 자기가 흥미의 대상이 되기보다 뭔가에 흥미를 가지는 쪽으로 초점을 전환하면 호기심이 생기기 시작한다. 그리고 결국 지금까지 누구도 하지 않았던 질문을 하게 될 것이다. 그리고 그 답은 여러분이 이끄는 이들에게 생산적인 변화와 의미 있는 기회를 불어넣을 수 있다. 여기서 중요한 건 리더가 자신의 사업을 위한 기회를 찾는 게 아니라, 자신을 리더로 따르는 이들을 위한 기회를 찾는 것이다. 그 기회가 비즈니스와 관련이 있다면 어쨌든 여러분에게도 이익이 돌아올 수 있겠지만, 그건 부수적인 효과일 뿐 목적이 아니다.

여러분이 하는 말보다 주변 사람들이 하는 말에 더 집중한다면 어떤 얘기를 들을 수 있을까? 거기에서 무엇이 나올까? 어떤 기회가 싹트고 자라 그들만의 것이 될까?

6장

혁신은 사치품이 아니라 생필품이다

매출을 2배 증대시킨 아이스크림 효과

◇◇◇◇◇◇

1995년 4월에 내가 CEO로 취임할 당시, 소닉은 상당히 강한 회사였다. 우리는 1991년에 주당 12달러 50센트로 상장했고, 1995년에 내가 CEO가 될 무렵에는 주당 25달러가 되어 있었다. 이렇게 말하면 4년 만에 주가가 2배나 오른 매우 튼튼한 회사처럼 들리겠지만, 사실 1992년 1월에 주당 32달러를 기록한 적이 있다. 그러니 실제로 내가 지휘봉을 잡았을 때는 주가가 3년간 침체된 상태였던 것이다. 이 기간 동안 주당순이익은 꽤 증가했지만, 매년 성장률이 둔화되고 운영 성적도 시장 기대치를 밑돌았다.

수입은 매년 늘었지만 성장률이 낮아져서 주가수익률(시장이 성장을 위해 지불하는 멀티플)도 줄었다. 3년 동안 우리 회사의 주당순이익은 2배로 증가했지만 주가는 하락했다.

우리에게는 사업을 성장시킬 계획이 있었지만, 그 시점에서 견인력을 얻기 위해 진행하려고 했던 주요 계획은 완료되기까지 시간이 매우 오래 걸렸다. 1~2분기 안에 수익을 창출할 수 있는 게 아니라 매장 관리자부터 프랜차이즈 가맹점, 회사 직원, 심지어 이사회에 이르기까지 모든 단위의 지원이 필요한 목표였다. 매장을 개조하고, 새로운 매장을 짓고, 신제품을 개발하자는 등의 목표였는데, 전부 시간이 걸리는데다가 빨리 해결할 방법도 없었다. 이 목표를 장기적으로 추진하려면 팀 전체의 합의가 필요했다. 그리고 내가 예측하거나 상상하지 못했던 혁신에 대해서도 유연하고 개방적인 태도를 취해야 했다.

소닉에 처음 입사해 몇 달, 몇 년을 보내는 동안 혁신이 나와 우리의 성공에 얼마나 중요한지 깨달았다. 소닉 정도 되는 큰 규모의 기업에서는 혁신이 사치품이 아니라 인상적인 슬로건이나 강조를 위한 큰 점 같은 존재가 되어야 한다. 혁신과 비즈니스 다양성이 삶의 방식이 되어야 한다. 그것이 일상적인 기대, 표준이 되어야 한다. 그리고 항상 혁신 기회를 찾아야 한다. 준비가 안 되어 있고 지속적으로 혁신을 모색하지 않으면, 잠시 모습을 드러낸 혁신 기회가 경쟁사 쪽으로 가버릴 것이기 때문이다!

한 프랜차이즈 가맹점주가 내게 처음 연락을 해온 때가 떠오른다. 그는 우리 회사 담당자 몇 명이 자기를 힘들게 한다고 말했다. 그의 매장 운영 방식이 소닉의 허용 기준에 맞지 않으니 방향을 바꾸라고 종용한다는 것이었다.

프랜차이즈 사업을 운영할 때 중요한 과제 중 하나는 프랜차이즈 가맹점의 혁신이 프랜차이즈 커뮤니티 전체에 도움이 되는 때와 그들의 혁신 시도를 미연에 방지해야 하는 때가 언제인지 파악하는 것이다. 프랜차이즈 가맹점주는 사업가들이라서 항상 새로운 아이디어를 내놓는다. 이런 아이디어 중 일부는 대규모로 실행해도 잘 작동하지만, 어떤 건 소수의 매장에서만 실행해도 브랜드에 해가 되기도 한다. 프랜차이즈 가맹점들이 자기들 멋대로 일을 진행하면 프랜차이즈의 정체성이 사라질 위험이 있다.

나는 이 프랜차이즈 가맹점과 갈등이 있다는 얘기를 들은 적이 없다. 그는 뛰어난 운영자였다.

"무슨 일을 하시기에 우리 브랜드를 위협할 정도인가요?" 웃으면서 그에게 물었다. "제 아이스크림 프로모션 때문에 그러는 겁니다." 그가 말했다.

이 가맹점은 우리 회사에서 유명하고 존경받는 곳이었다. 점주는 마흔 살이지만 소닉에서 일한 지 벌써 25년 가까이 됐고, 그의 아버지는 그가 10대 때부터 소닉 프랜차이즈를 운영했다. 그리고 아버지가 일찍 돌아가신 뒤 그가 사업을 물려받았다. 그의 매장은 장사가 잘됐고 주로 우리 시스템에 맞춰서 일했기 때문에, 어떻게 된 일인지 그의 이야기를 듣고 싶었다.

"당신 아이스크림 프로모션에 대해서는 들은 게 없군요." 나는 흥미를 느끼며 말했다. "무슨 일이 있었나요?"

"당신 회사 직원들은 아이스크림 프로모션 때문에 우리 매장이 꼭 데어리퀸Dairy Queen 브랜드 같아져서 마음에 안 든다는군요. 우리는 데어리 퀸이 아니니까요."

"네, 그야 그렇죠. 우리는 데어리 퀸이 아니에요. 그런데 뭘 하시는데요?"

나는 그가 하는 일에 대해 듣고 이해하려고 노력했다. 경청을 업무에 활용하면 여러 가지 놀라운 방법으로 비즈니스 방향이 바뀌고, 경력이 바뀌기도 한다. 가능한 혁신을 발견하고 싶다면, 상대의 말을 잘 들어야 한다.

"여기 오클라호마와 텍사스에 있는 매장들은 아이스크림 판매를 위해 별로 애를 쓰지 않아요. 하지만 캐롤라이나에서는 아이스크림이 세상에 중요한 영향을 미치죠."

"그럼, 개중에서 제일 잘나가는 매장은 어디인가요? 그 매장 매출 가운데 몇 퍼센트가 아이스크림 매출이죠?"

그는 말을 잇기 전에 잠시 나를 쳐다봤다. 나는 우리 회사 전체의 아이스크림 매출을 알고 있었는데, 일반적인 매장은 3~5퍼센트 사이였다. 규모가 작아도 괜찮은 품목이었고 적절한 추가 기능이지만 우리가 판매하는 버거나 감자튀김에 비하면 상대적으로 매출이 미미했다. 당시 우리 회사의 AUV는 60만 달러 정도였기 때문에, 평균적인 드라이브인 매장 한 곳의 연간 아이스크림 매출은 2만 5000 달러쯤 됐을 것이다.

"제일 잘나가는 매장이요?" 그가 말했다.

"네."

"제일 잘나가는 매장은 아이스크림 매출이 30퍼센트 정도 됩니다."

하마터면 의자에서 넘어질 뻔했다. 믿을 수가 없었다. 이 사람이 운영하는 최고의 매장에서는 아이스크림 판매로 연간 20만 달러를 버는 것이다. 이걸 시스템 전체에 적용하면 놀라운 숫자가 되리라는 걸 바로 깨달았다. 엄청난 잠재력을 지닌 사업이 될 수 있었다.

"정말 놀랍군요." 겨우 목소리가 다시 나오게 된 내가 말했다.

"정확히 어떤 일을 하는지 말해주시겠어요? 왜 아이스크림을 그렇게 많이 파는 겁니까?"

그는 자기 매장에서 진행하는 포괄적인 프로모션에 대해 자세히 설명했다. 그들은 셰이크와 콘 한 종류와 아이스크림 선데만 파는 게 아니었다. 바나나 스플릿을 비롯해 더 다양한 품목을 보유하고 있었고, 지역에서 다양한 프로모션을 진행해 날마다 사람들을 매장으로 끌어들여 큰 성공을 거뒀다. 그의 설명을 다 듣고 나는 깊은 감명을 받았다. "당신이 진행하는 프로모션을 살펴볼 사람을 보내겠습니다. 그러니까 아직 아무것도 바꾸지 마세요." 우리 회사 가맹점들은 매장마다 소프트 아이스크림 기계가 있지만 이와 관련된 프로모션도 없고 회사 차원에서 이 제품을 홍보하지도 않았다는 생각이 들었다. 엄청난 기회를 놓치고 있었던 것이다.

그게 1994년 여름에 있었던 일이다. 우리는 1995년까지 프로모션 방식을 테스트하고, 그의 아이디어를 빌려서 다듬었다. 그리고 루이지애나주 라파예트와 텍사스주 휴스턴, 이 두 시장에서 테스트를 진행했다. 겨울이었지만 테스트는 매우 성공적이었다. 1996년에 회사 시스템 전체에서 '프로즌 앤드 파운틴 페이버릿Frozen and Fountain Favorites'이라는 프로모션을 진행하고, 5월에는 광고 홍보 지원도 했다.

당시에는 동일 매장의 매출이 4~5퍼센트만 늘어도 괜찮은 축에 속했다. 새로운 아이스크림 프로모션을 도입한 첫 달인 1996년 5월, 시스템 전체 매출이 12퍼센트 증가했다. 그해 여름에는 몇 년 만에 가장 많은 매출을 올렸다. 프로즌 앤드 파운틴 페이버릿 프로모션의 매출이 전부 포함된 첫 번째 회계연도인 1997년도에는 매장별 수익이 거의 40퍼센트나 급증했다. 아이스크림이 우리 사업을 변화시켰다고 해도 과언이 아니다. 가맹점주들의 개인 소득도 폭발적으로 증가했고, 덕분에 매장을 추가로 열려는 사람들이 늘어나 신규 점포 증축이 본격화됐다. 우리는 곧 새로운 브랜드 통합을 위해 오래된 유닛을 보강했고, 마케팅 예산도 급증했다.

1997년부터 2001년까지, 시스템 전체 매출(드라이브인 매출과 회사 소유 매장 및 프랜차이즈 매장의 매출을 전부 합친)이 10억 달러에서 20억 달러로 증가했다.

우리 회사는 내가 CEO가 된 후 2001년까지 주식 분할을 세 번 했는데, 매번 3대 2로 분할했다. 회사 가치와 주주들의 보유 자산 가치가 2배 이상 증가했다. 그리고 내가 CEO로 근무한 첫 5년 동안, 우리 브랜드가 지난 40년 동안 올린 최고의 연 매출보다 높은 연 매출 증가율을 기록했다.

가맹점 영업권을 관리하는 나로서는 그 혁신적인 가맹점을 보고 "미안하지만, 우리 회사 규정에 맞게 운영 방향을 바꾸세요"라고 말하는 게 편했을 것이다. 그리고 아마 그 가맹점과의 관계를 유지하면서 내 마음에 드는 방법으로 일을 진행할 수 있었을 것이다. 그러면 아무 일도 없었던 것처럼 사업이 계속 이어졌을 것이다. 하지만 이제는 그의 혁신이 우리의 혁신이 되었다. 그리고 이 혁신 하나가 많은 이들에게 자금을 제공했고 우리 회사와 브랜드를 변화시켰다. 그리고 더 교묘한 변화는, 고객이 우리 매장을 방문해야 하는 또 다른 이유를 만들어준 것이다. 기존에는 매출이 대부분 점심시간과 저녁시간에 발생했다. 음료와 아이스크림을 출시하자 오후와 이른 저녁의 방문객이 폭발적으로 늘어났다. 이런 교훈 덕분에 고객의 하루 중 다른 시간대에 서비스를 제공할 수 있는 방법(예: 아침 식사)이나 고객의 참여를 유도하는 다양한 방법(예: 신용카드, 나중에는 주문과 결제용 앱) 등 앞날을 내다보며 고민할 수 있게 되었다. 하나의 통찰이 계속해서 선물을 안겨주는 것이다.

넷플릭스의 혁신은 어떻게 계속되는가

◇◇◇◇◇◇

혁신은 그 무엇보다 중요하다. 눈을 크게 뜨고 예상치 못한 가능성을 보려 하지 않는다면, 미래에 엉뚱한 사업을 하게 될 수도 있다. 눈을 가린 가리개를 가끔 벗지 않은 채로 계속 한 가지 일에 모든 관심이나 사업이나 인생을 집중한다면, 아무 결실도 얻지 못할 것이다. 주위를 둘러보자. 새로운 가능성과 새로운 길이 여러분을 기다리고 있다.

1844년에 뉴욕 버팔로에서 태어난 해리엇 윌리엄스 러셀Harriet Williams Russell의 경우를 생각해보자. 열아홉 살에 찰스 스트롱Charles

Strong과 결혼한 그녀는 캘리포니아에 있는 샌 가브리엘 계곡으로 이사해 그곳에 목장과 집을 짓고 딸 4명을 키웠다. 처음에 찰스는 은행업, 출판업, 광업 등으로 많은 돈을 벌었지만, 결국 변변치 않은 사업가임이 드러나 엄청난 빚을 지게 되었다. 우울하고 의기소침해진 찰스는 스스로 목숨을 끊었고, 해리엇 혼자 목장과 아이들, 그리고 빚을 감당해야 하는 처지가 되었다.

어느 날, 안정적인 작물을 찾아다니던 해리엇은 호두나무 숲에 다다랐다. 호두를 키우려면 일정한 수분 공급이 필요했지만 목장의 급수 시설은 완벽하지 않았다. 해리엇은 어떻게 했을까? 그녀는 더 많은 물을 확보할 방법을 찾기 시작했고, 강수량을 최적화하면 꾸준한 흐름을 보장할 수 있다는 걸 깨달았다. 그래서 관개 시스템을 설계하고 괜찮은 수익을 올리기 시작해, 결국 미국에서 관련 시장을 선도하는 상업적인 호두 재배업자가 되었다. 그게 끝이냐고? 아니다. 해리엇은 계속해서 자기 땅에 수많은 지하수 우물을 뚫었고, 거기서 얻은 물을 활용하기 위해 펌프 장치를 설치했다. 그런 다음 자기 재산을 다 모아 공식적으로 생수 회사를 설립하고 사장이 되었다. 그게 끝이냐고? 아니다.

그녀는 홍수 통제와 저수량 조절 같은 물 문제를 연구했고, 물 보존과 건조 토양 농업에 대한 새로운 접근 방식을 지지했다. 또 댐과 저수지 건설에 대한 특허를 받았고, 콜로라도강에 댐을 건설하기 위한 계획을 발표하기 위해 의회에 출석하기도 했다. 그녀는 찌꺼기를 따로 모으고 물을 저장하는 새로운 방법을 개발해 또 다른 특허를 받았고, 이 공로로 1893년 만국 박람회에서 메달도 2개나 받았다.[20] 그녀는 거기서 멈추지 않았다.

발명에 대한 재능과 열정을 지닌 해리엇 윌리엄스 러셀 스트롱은 창문을 올리고 내리는 장치, 호크 단추, 창문 새시 홀더 등 3가지 발명품을 더 고안해서 특허를 냈다.[21] 또 자기가 작곡가로서도 상당한 재능이 있다는 걸 깨달은 그녀는 많은 노래를 발표하고 음악 스케치 책도 출판했다. 해리엇은 로스앤젤레스 심포니 오케스트라 협회 부회장을 역임하고 로스앤젤레스 상공회의소의 첫 여성 회원이 되었다.

해리엇은 고개를 푹 숙이고 예전 같은 방식을 써서 새 목장을 구하는 일에만 전념할 수도 있었다. 하지만 그렇게 했다면 어떻게 됐을까? 그녀는 모든 가능성을 고려하기로 했고, 곧 자기가 뭔가 새롭고, 정말 흥미롭고, 말 그대로 세상을 바꿀 수 있는 어떤 일의 문턱에 서 있다는 걸 깨달았다. 혁신과 그걸 통한 이득은 시야가 좁은 사람에게는 찾아오지 않는다. 혁신은 별다른 이유 없이도 새로운 걸 시도하는 사람에게 찾아온다.

또 다른 예는 리드 헤이스팅스Reed Hastings다.

1960년에 보스턴에서 태어난 헤이스팅스는 보딘 칼리지에서 수학을 공부하고 미 해병대에 복무했으며 2년간 평화봉사단에서 일했는데 대부분은 스와질랜드에서 수학을 가르쳤다. 미국으로 돌아온(그간의 놀라운 경험을 안고) 그는 학교로 돌아가 스탠퍼드대학에서 컴퓨터 공학 석사 학위를 받았다. 그 후 소프트웨어 개발자가 되어 퓨어 아트리아Pure Atria를 설립한 뒤 1997년에 많은 돈을 받고 팔았다.

이제 갓 30대 후반인 헤이스팅스는 돈도 많고 자기가 원하는 건 뭐든지 자유롭게 할 수 있는 상황이었다. 자수성가해서 30대에 부자가 된 사람들이 대부분 뭘 하는지는 잘 모르겠지만, 헤이스팅스는 가만히 앉아 빈둥거리면서 새로 얻은 부를 즐기는 사람이 아니었다. 대신 그는 마크 랜돌프Marc Randolph와 손잡고 넷플릭스를 만들었다.

초기의 넷플릭스 모델은 꽤 간단했다. 일정한 금액을 낸 고객은 한 번에 최대 3개까지 무제한으로 DVD를 빌릴 수 있는데, 대여와 반납은 모두 구식 우편 서비스를 통해 이루어졌다. 고객이 빌린 DVD를 다 보고 돌려보내면 그들의 목록에 있는 다음 DVD가 자동으로 발송되었다. 단순하고 훌륭한 방법이었고, 당시는 DVD가 막 인기를 끌기 시작하던 때라서 기술의 최전선에 있는 아이디어이기도 했다.

당시 그들의 혁신은 정말 특별했기 때문에, 몇 년 뒤에 블록버스터Blockbuster, 미국의 비디오 대여 프랜차이즈 기업-옮긴이 경영자였던 사람에게 자기 팀이 넷플릭스를 1억 달러에 구입할 기회를 거절했다는 말을 듣고는 크게 놀랐다. 이들은 블록버스터 같은 모델을 더 좋아했던 것이다. 넷플릭스는 경영진이 영화 스튜디오와 제휴를 맺고 인상적인 인디 영화 라인을 선보이는 등 공격적인 마케팅을 펼치면서 계속 성장했다. 2007년 2월, 넷플릭스는 놀라운 기록을 달성했다.

10억 번째 DVD를 발송한 것이다. 그리고 그 직후, 그들은 업계 최초의 영화 스트리밍 웹사이트를 개발했다.[22]

가격 책정상의 실수만 제외하면 넷플릭스는 계속해서 변화하고 있는 듯한 이 업계에서 어떻게든 앞서가고 있다. 이게 바로 비즈니스 리더로서 여러분이 직면한 과제다. 이렇게 변화무쌍한 세상에서, 오늘 효과가 있는 방법에서 내일 효과가 있는 방법으로 전환하려면 어떻게 해야 할까? 회사의 누군가가 모든 걸 뒤집어 놓으려고 하면(예를 들어 새로운 아이스크림 프로모션 같은 걸 도입해서) 여러분은 어떻게 반응할 것 같은가? 비웃을까? 윽박질러서 말도 못 꺼내게 할까? 왠지 모를 위기감을 느낄까? 일을 미루려고 할까? 아니면 귀 기울여 듣고, 장점을 찾고, 회사를 구할 수 있는 혁신을 장려할까?

헤이스팅스와 그의 직원들은 재래식 우편으로 DVD를 발송하는 사업에 계속 묶여 있을 수도 있었다. 스트리밍 시대가 다가오는 걸 보면서도 너무 할 일도 많고 배울 것도 많고 돈도 많이 든다고 생각하며 DVD 우편 발송 사업에 전념하기로 했을 수도 있다. 만약 그렇게 했다면, 넷플릭스는 여전히 DVD로만 영화를 보는 점점 줄어드는 사람들을 통해 최대한의 이익을 짜내려고 애쓰면서 불안정한 사업을 유지하고 있을 것이다. 그리고 20년 뒤에는? 사람들이 애틋하게 추억할 뿐 더 이상 이용하지는 않는 블록버스터 같은 신세가 될 것이다.

헤이스팅스의 팀은 기존의 성공에 안주하지 않았다. 계속 혁신을 거듭하면서 고객이 원하는 바로 그것, 즉 엔터테인먼트를 제공할 새로운 방법을 모색했다. 이게 핵심이다. 그들은 자기들의 사업이 DVD 사업이 아니라 엔터테인먼트 사업이라는 걸 깨달았다. 그리고 넷플릭스가 전 세계에 1억 명이 넘는 가입자를 확보한 건 혁신을 위한 이런 헌신적인 노력 덕분이다.

혁신과 관련해 기억해야 하는 중요한 사실, 그리고 많은 사람과 기업이 혁신을 위해 노력하지 않는 이유는 바로 그곳에 절대 도달하지 못하기 때문이다. 느긋하게 앉아서 "아, 드디어 도착했네. 이제 끝났어"라고 말할 수 있는 지점이 없다는 얘기다. 항상 시도해야 하는 새로운 일이 있고, 실행해야 하는 새로운 것이 있다. 그러니 때로는 지칠 수도 있다. 모두들 가끔씩은 편안하게 긴장을 풀고 숨을 돌릴 수 있는 순간을 갈망한다는 걸 인정하자. 소닉도 혁신적인 아이스크림 프로모션 이후에 여러 가지 다양한 일들을 시도했다. 이는 넷플릭스에서 일하는 헤이스팅스도 마찬가지다. 한 가지 혁신이 다른 혁신으로 이어지고, 그게 다시 또 다른 혁신으로 이어진다. 여러분이 일을 잘하거나 운이 좋다면, 혁신을 통해 잇따라 성공을 거둘 수 있을 것이다.

넷플릭스는 자기들이 진공 상태에서 일하는 고립된 회사가 아니라 경쟁을 벌이고 있다는 걸 안다. 여러분도 그걸 항상 명심해야 한다. 경쟁자를 주시하면서 뒤처지지 않게 노력해야 하는 건 언제고, 경쟁자를 잊고 빠르게 나아갈 수 있는 건 언제일까? 넷플릭스는 2017년도 투자자 보고서에서 자기들은 아마존을 모방하려는 게 아니라고 주장했다. 넷플릭스와 아마존 프라임(아마존의 스트리밍 서비스)을 둘 다 시청할 시간은 충분하니까 말이다. 대신 넷플릭스는 유튜브를 주시하고 있다.

"우리는 물론 유튜브를 부러워한다." 넷플릭스 CEO인 헤이스팅스는 이렇게 말한다. "유튜브 이용자들은 하루에 10억 시간 분량의 동영상을 본다고 발표했던 게 기억난다. 우리 자료를 찾아보니 일주일에 10억 시간이 조금 넘는 정도였다. 그러니 따라잡으려면 아직 멀었다⋯⋯."[24]

이건 혁신 환경과 문화를 유지하는 데 중요한 또 다른 부분이다. 공격적으로 추구할 목표가 있어야 한다. 여러분이 쫓아갈 사람이 있어야 한다. 넷플릭스의 정신 나간 목표는 하루에 10억 시간 분량의 동영상 시청이다.

여러분의 목표는 무엇인가?

모두 성장통을 겪는다

하지만 기쁨은 고통의 아이란 걸 기억하자. 성공적인 혁신을 위해서는 항상 많은 노력과 고통스러운 결정이 필요하고 자기가 중요하다고 생각하는 것에서 벗어나야 한다. 혁신의 이익을 처음부터 거둘 수 있는 경우는 드물고 여러분이 치르는 모든 희생은 항상 지연된 만족과 인내를 의미한다. 그래서 마침내 이익이 발생하면 더 큰 감사를 느끼게 된다.

1994년부터 2000년까지 소닉은 라이선스 재협상, 브랜딩 노력, 새로운 메뉴, 새로운 제품, 새로운 유니폼, 새로운 텔레비전 광고, 새로운 프로모션, 그리고 다년간의 매장 매출 폭증 등 여러 가지 중요한 이니셔티브를 수행했다. 그 기간은 치열한 업무와 힘든 대화, 그리고 많은 기업이 헤쳐나가거나 살아남기 힘든 심각한 성장통을 겪은 시간이었다. 하지만 그 모든 힘든 노력이 마침내 결실을 맺었다. 회사 매출이 10억 달러가 되기까지는 44년이 걸렸지만, 1997년부터 2001년까지 불과 4년 만에 20억 달러에 도달한 것이다. 그리고 이런 매출 급증은 사업의 거의 모든 단위에서 이루어진 혁신 덕분이다. 심지어 투자자에게 성장 전략을 설명하는 방식까지 혁신했는데, 결코 쉬운 일이 아니었다. 그 배후에 있는 사람이 스콧 매클레인Scott McLain이었다. 스콧은 1995년에 부사장 겸 회계 책임자로 우리 회사에 들어왔다. 그로부터 2년 뒤 최고재무책임자가 되었고, 나중에는 프랜차이즈 관리 회사인 소닉 인더스트리의 사장이 되었다. 매우 강한 영업 본능을 지닌 스콧은 밝고 창의적인 사람이었으며, 우리가 돈을 버는 방식과 더 많이 벌 수 있는 방법, 그리고 그걸 주식 시장에 설명하는 방법에 대해 잘 알았다. 스콧은 '다층적 성장 전략'이라는 용어를 만들어서 다음과 같은 수익에 대한 기여도를 단일 개념으로 통합했다.

1. 동일 매장 매출 증가율

+ 2. 상승하는 로열티 비율

+ 3. 새로운 프랜차이즈 매장 개점

+ 4. 회사 소유의 신규 점포 성장

+ 5. 회사 매장의 이윤 확대

+ 6. 주당순수익 성장에 대한 자사주 재매입 기여도

그는 투자자들에게 어떻게 1번이 2~3퍼센트 늘어나면 6번이 16~18퍼센트 성장할 수 있는지를 효과적으로 보여줬다. 우리 회사 성장 스토리의 뛰어난 점을 시장에 혁신적으로 설명할 수 있는 그의 능력은 1996년부터 2006년까지 여섯 차례에 걸쳐 3대 2 주식 분할을 진행하는 데 상당한 기여를 했다.

혁신은 균형에서 시작된다

위대한 혁신가는 절대 자기가 지금 처한 현실을 보지 않는다. 그들은 미래를 내다본다. 라이트 형제는 공중에서 자유롭게 날아다니는 새를 보고 왜 사람은 같은 일을 할 수 없는지 궁금해했다. 토머스 에디슨은 사람들이 밤에 세상을 볼 수 있기를 바랐다. 월트 디즈니는 딸들과 함께 불결하고 불친절한 놀이공원에 갔다가 무료해하는 부모들의 모습을 보고는, "부모와 아이가 함께 즐길 수 있는 가족 공원"이 있어야 한다고 생각했다. 이건 전부 엉뚱한 아이디어 같았고, 그 후 오랫동안 악착같이 노력해야만 이룰 수 있는 일이었다.

우리는 창의적인 천재성을 발휘해 갑자기 번득이는 영감을 떠올리는 사람도 존경하지만, 혁신적인 돌파구를 찾기 위해 엄청나게 오랫동안 열심히 일하는 사람들도 존경한다. 대부분의 사람들은 엉뚱한 생각을 하는 관념적인 선각자거나 그 비전을 완수하기 위해 극도로 집중해서 일하는 일꾼, 그 둘 중 하나다. 하지만 이렇게 꼭 이분법적으로 생각해야 하는 걸까? 몽상가 대 행동가, 창의력 대 훈련, 우뇌 대 좌뇌로 나눠서? 위에 예로 든 이들은 동전의 양면을 다 갖춘 사람들인데, 흔하지는 않지만 불가능한 것도 아니다.

에릭 왈Erik Wahl이라는 예술가는 『불꽃과 고된 일The Spark and the Grind』이라는 획기적인 저서에서 바로 이 점, 즉 어떤 환경이나 업계에서 가장 영향력 있는 개인 창작자들이 어떻게 이 2가지를 모두 이루는 방법을 배웠는지에 대해 이야기한다. 왈이 제시한 많은 사례 중 하나가 아이작 뉴턴Isaac Newton이다. 그의 첫 번째 불꽃은 풍차에 대한 아이디어의 형태로 나타났고, 그는 열한 살 때 실제 작동하는 풍차 모형을 만들기 시작했다. 20대 중반에는 색 스펙트럼과 미적분을 발견했고, 40대 중반에는 3가지 운동 법칙을 발견해 관련 연구 결과를 발표했다. 그는 상상력의 불꽃에 계속 연료를 공급하면서 그걸 호기심 및 고된 노력과 결합시킨 덕분에 유명한 혁신가가 되었다.

부지런한 것만으로는 충분하지 않고, 좋은 생각만 있다고 다 되는 것도 아니다. 불이 계속 타오르도록 할 수 없다면 점화자가 되어 봤자 소용이 없다. 마틴 루터 킹 목사를 보라. 그에게는 꿈이 있었고 그걸 연료 삼아 미국을 변화시키는 불길을 만들었다. 킹 목사가 연설을 한 번만 했어도 그런 거대한 불꽃이 튀었을까?

혁신의 선두를 지키려면 생각의 규율과 행동의 규율이 균형을 이루어야 한다. 하나의 길, 하나의 해결책, 뇌의 한쪽 부분에만 초점을 제한적으로 맞추지 않도록 눈을 크게 뜨고 있어야 한다. 지금까지는 아래를 보거나 못 본 척 외면해왔지만 이제 주위를 둘러보고 앞을 내다보겠다고 다짐해야 한다. 우리는 서로를 희생시키는 게 아니라 다 함께 협력해서 불꽃을 좇고 힘든 일을 받아들여야 한다.

인생

인생은 상투적인 일로 가득하다. 우리는 오래된 습관, 익숙한 패턴, 일상에 얽매이고 여러 가지 이유로 그곳에 머문다. 이는 아마 우리가 편안함이나 편리함을 추구하기 때문일 것이다. 우리는 체계적인 걸 좋아하고 똑같은 걸 선호한다. 그런 틀에 박힌 생활이 자기에게 도움이 된다고 느낄지도 모르고, 못 쓸 정도가 아니면 그대로 쓰자는 생각들이 있다. 어쨌든 그런 틀에 박힌 상태에 머물러 있는 것이 본인의 페이스에 적합하다고 믿기 때문인지, 아니면 꼼짝달싹 못하는 상태라서인지 자문해봐야 한다.

현재 자기가 어디에 있고 미래에는 어디에 있고 싶은지 살펴보자. 회사에서 승진가도를 달리거나, 체중이 줄어들거나, 연애가 잘 풀려서 안정감을 느낀 적이 있는가? 자신의 일상적인 습관, 패턴, 루틴을 생각해보자. 그게 여러분이 원하는 걸 향해 나아가는

데 도움이 되는가, 아니면 목표와 포부를 달성하는 걸 가로막고 있는가? 현실에 안주하는 성향 때문에 중요한 혁신을 이루지 못하고 있는가?

습관, 패턴, 루틴은 종종 우리가 잠재력을 최대한 발휘하지 못하도록 가로막을 수도 있지만, 그와 정반대로 잠재력 발휘에 도움을 줄 수도 있는 것이다. 반드시 둘 중 하나일 필요는 없다. 우리에게는 규율만큼이나 방해도 필요하고, 일관성만큼 적응 능력도 중요하며, 상상력과 더불어 집중력도 있어야 한다. 개인적으로 역동적인 성장을 보장하려면 뭐가 그대로 유지되어야 하고, 효과를 극대화하기 위해서는 어떤 부분을 조정해야 하는가?

일

8시간 내내 엑셀 시트에 데이터만 채우고 있겠는가, 아니면 새롭고 흥미로운 아이디어를 제시하겠는가? 여러분이 후자를 택한다고 가정해보자. 대부분의 사람들이 일상생활에서 더 많은 혁신 기회를 원하지만, 본인이 통제할 수 없는 요인 때문에 직장에서는 창의력을 발휘할 수 없다고 느끼는 경우가 많다. 회사가 위험을 회피하거나, 여러분의 목표가 위험할 정도로 공격적이라고 느끼거나, 할 일이 너무 많아서 새로운 일을 추가하는 게 불가능하다고 느낄 수도 있다. 혁신은 근육 다발에 비유할 수 있다. 적극적으로 사용할수록 더 강해지고 튼튼해져서 나중에 막을 수 없게 된다. 업무와 관련된 혁신 근육을 유연하게 하려면 어떻게 해야 할까?

누구나 자기가 하는 업무 중에 눈 감고도 할 수 있다고 생각되는 부분이 있을 것이다. 그런 부분 때문에 업무에서 탁월한 기량을 발휘할 수도 있지만, 한편으로는 기회를 놓치게 될 수도 있다. 여러분이 무의식적으로 처리하는 일상 업무는 무엇인가? 그걸 다르게 하는 방법은 뭐가 있을까? 예전부터 하던 똑같은 일을 새롭게 처리할 방법을 찾으면, 작지만 중요한 관점 변화가 생길 수도 있다.

직장 일에서 아무 감흥을 느끼지 못하는 사람은 여러분만이 아닐 것이다. 평소 편안하게 느끼는 동료를 선택해서 둘의 공동 책임하에 새로운 일을 시도해보면 어떨까. 점심을 먹으러 새로운 장소에 가거나, 특이한 방식으로 아이디어를 제시하거나, 구식 브레인스토밍을 하는 것이다. 혁신은 진공 상태에서는 일어나지 않으며, 힘을 북돋워주는 친구가 있으면 점진적인 변화를 훨씬 실질적으로 보일 수 있다.

리더십

역사상 가장 뛰어난 혁신가들 중에는 협업 덕분에 성공한 이들도 있다. 스티브 잡스가 없었다면 스티브 워즈니악Steve Wozniak은 지금쯤 어떤 위치에 있을까? 데이브 패커드Dave Packard가 없는 빌 휴렛Bill Hewlett은? 제임스 갬블James Gamble이 없는 윌리엄 프록터

William Procter? 존 레넌John Lennon이 없는 폴 매카트니Paul McCartney는?
단순히 함께 일한 것이 성공으로 이어진 건 아니다. 각자가 기여
한 개인적인 능력 덕분이다. 그들은 서로 다른 사람이었고, 서로
가 없는 걸 가지고 있었다.

이건 균형에 관한 좋은 교훈이다. 여러분이 스펙트럼의 한쪽 끝
에서 본인의 방식대로 자리를 잡았다면, 균형을 맞추기 위해 다른
쪽 끝에 있는 누군가를 데려와야 할 때일지도 모른다. 우뇌와 좌
뇌, 점화자와 실행자, 음과 양의 조화가 필요하다. 균형 잡힌 리더
(아니면 적어도 다면적인 리더)가 되려고 노력할 때는 자신의 단점을
인정하거나 그게 팀에 부정적인 영향을 미친다는 걸 인정하고 싶
지 않을 수도 있다.

이제 여러분이 이끄는 사람들을 살펴보자. 어떻게 하면 그들을
위한 협업 환경을 조성할 수 있을까? 본인이 직접 균형을 활용할
수 있는 사람이 있는가? 어떤 사람은 특정 분야의 능력이 조금 모
자랄 수도 있고, 어떤 사람은 나눠줄 재능이 많을 수도 있다. 시간
을 내서 동료들의 강점과 부족한 점을 관찰하고 격차를 해소하도
록 도와줄 방법을 고민해보자.

7장

집중보다
확장을
선택하라

기회와 방해물을 구별하라

◇◇◇◇◇◇

혁신과 다음에 올 새로운 것들에 대한 생각 때문에 지금 여러분 머릿속의 바퀴가 바쁘게 돌아가는 소리가 들리는 듯하다. 다음에 다가올 일에 집중하려고 하면 처음에는 약간 혼란스러울 수 있다. 대개의 경우 다음에 무슨 일이 생길지 모르기 때문이다. 아직 뭐가 될지 모르는 기회에 어떻게 대비할 수 있을까? 마음가짐을 갖춰야 하는 걸까? 새로운 기회가 방해처럼 느껴지지 않는 위치에 있을 수 있도록 정신적, 육체적, 영적으로 규칙적인 수련을 해야 할까?

우리가 앞서 얘기한 것들 가운데 몇 가지가 작동하기 시작하는 듯하다. 첫째, 호기심 많은 사람은 물론 합리적인 범위 내에서 기회에 마음을 열고 있어야 한다. 그러니 호기심을 키우면서 주변에서 떠오르는 의문에 대한 깊이 있는 답을 찾고 있는 사람은 기회가 왔을 때 더 개방적으로 대할 것이다. 호기심이 많은 사람은 아무것도 호기심이 없는 사람보다 기회를 빨리 인식하는 경향이 있다.

자, 이제 더 많은 의문이 떠오르지 않는가? 새로운 기회를 받아들일 준비를 하려면, 고려해야 할 게 많다. 예를 들어, 갑작스러운 방해를 기회 혹은 장애물로 만드는 건 무엇인가? 어떤 아이디어나 개념 혹은 새로운 작업 방식이 업무 흐름을 방해할 때, 그게 물리쳐야 할 대상이 아니라 포용해야 할 대상이라는 걸 어떻게 알 수 있을까?

이를 고민하다 보면 전략적 집중과 팀 조정 문제로 돌아가게 한다. 곰곰이 생각해봤을 때, 미리 예정하거나 계획하지 않았던 사건이 예전 방식보다 목표 달성에 도움이 되는 것처럼 보인다면, 그건 기회가 틀림없다. 하지만 그렇지 않고, 갑작스러운 방해 때문에 시스템이 정체되고 혼란만 야기된다면, 그것을 제쳐놓기 전에 질문을 하나 더 던져야 한다. 갑자기 발생한 일이 기존 계획의 우선순위보다 높은 우선순위를 해결하는 데 도움이 되는가? 이 새로운 일이 중단된 일보다 더 큰 잠재력을 가지고 있는가?

긍정적인 대답이 나온다면, 여러분 손에 기회가 들려 있는 걸지도 모른다. 대답이 부정적이라면, 기회가 아니라 장애물일지도 모른다. 그러나 어느 쪽이든 호기심 많은 마음은 항상 열려 있으므로, 언제나 의문을 제기하면서 자신의 길을 재고할 수 있다.

2001년 즈음에 시카고에서 열린 소규모 경영자 컨퍼런스에 참석했는데, 이 자리는 비자Visa와 우리 업계 최고의 잡지 중 하나인 《네이션스 레스토랑 뉴스Nation's Restaurant News》의 후원으로 마련된 것이었다. 몇 개의 소그룹 세션과 업계 전문가들의 강연, 그리고 그런 행사에서 흔히 나누는 가벼운 대화가 이어졌다. 비자가 대표 스폰서 중 하나였기 때문에 컨퍼런스가 진행되는 동안 그들에게서 많은 소식을 들을 수 있으리라 기대했다.

한 프레젠테이션에서 비자 담당자가 여성의 쇼핑 방식과 패턴,

그리고 사업을 좀 더 여성 친화적으로 만드는 방법 등에 관한 설문조사 결과를 이야기했다. 구체적으로 말해, 그는 매장에서 신용카드를 쉽게 사용할 수 있는 방법과 관련된 몇 가지 설득력 있는 매출 통계를 가지고 있었다. 그리고 좀 더 깊이 파고들면, 가족이 먹을 음식 구매 결정과 관련해서는 여성에게 대부분의 결정권이 있고 아이들은 두 번째, 남자는 세 번째로 선택권이 돌아간다고 한다. 오늘날에는 너무나 뻔한 사실이지만, 2001년 당시에는 가게에서 신용카드를 받을 경우 여성들이 당신 가게에서 물건을 살 확률이 2배나 된다는 건 새로운 소식이었다. 그걸 보고 뭔가가 떠올랐다. 사무실로 돌아와 이 데이터를 공유하면서, 각 메뉴 하우징 부서에 '주문 즉시 결제' 기능을 추가하는 걸 고려해보라고 제안했다. 그러면 고객이 차를 세우고 스피커를 통해 주문한 뒤 편리하게 차도에서 바로 카드로 결제하는 휴게소 같은 분위기가 될 것이다. 나는 그 아이디어에 꽤 흥분했다.

몇 달이 지났지만 이 아이디어를 실행하는 데 있어 뚜렷한 진전이 없었다. 고위 경영진 회의 중에 테이블을 둘러보았으나 무엇이 이 계획의 발목을 잡고 있는지 알 수가 없었다. 그러다가 퇴임하는 한 고위 경영진이 그 아이디어를 자기 직원들에 대한 장애물로 여긴다는 걸 알게 되었다. 방해꾼.

어떤 면에서는 그를 탓할 수 없을지도 모른다. 생각지도 않게 튀어나온 아이디어처럼 보였을 것이다. 어쩌면 내가 아이디어의 뛰어남을 충분히 납득시키지 않았기 때문일 수 있다. 아마 그의 우선순위와도 맞지 않았을 것이다. 이유야 어쨌든, 그 고위 경영진이 퇴임한 순간부터 이 계획을 더 강하게 밀어붙였고, 빌 클리어먼Bill Klearman 덕분에 일이 더 빨리 진행되기 시작했다. 몇 달 안에 테스트를 실시했고, 1년도 안 되어 시스템 전체에 PAYS(앉은 자리에서 계산) 방식을 도입했다. 이 방법은 매출에 즉각적이고도 지속적인 영향을 미쳤다. 수치가 증가하는 걸 지켜보는 동안 PAYS가 얼마나 놀라운 혁신인지가 명확해졌다. 2003년부터 2018년까지 우리 시스템 매출이 100퍼센트 증가(25억 달러)했는데 전부 신용카드 거래와 고객의 PAYS 사용 덕분이다.

조직이 새로운 기회에 적극적으로 달려들지 않으면 가지고 있는 자원이나 팀의 에너지를 효과적으로 활용할 수 없다. 생산적인 방법인지 아닌지 알기 전부터 우리는 기꺼이 받아들여야 한다. 이런 태도를 취하면 온갖 종류의 부수적인 이익이 생긴다. 아이디어가 떠오를 때마다 긍정적인 의지를 품게 된다. 또 문제가 발생할 때마다 어떻게 대응하고 어떤 아이디어가 긍정적인 해결책을 안겨줄 것인지 열린 마음으로 접근하게 된다. 문제를 기꺼이 받아들일수록 대응 방식과 반응도 혁신적으로 발전한다.

가장 중요한 건, 이런 예스 정신을 갖추면 사물을 '하지만'이 아니라 '그리고'의 맥락에서 바라볼 수 있다는 것이다. 무슨 말인지 설명해보겠다.

피뢰침을 발명한 건국의 아버지

◇◇◇◇◇◇

부수적인 것에도 관심을 가지면 목표에 도달하거나 인생에서 중요한 것들에 대한 관심을 유지할 수 있고 보다 균형 잡힌 사람이 되는 데 도움이 될 것이다. 요즘에는 자신만의 전문 분야를 만들고, 하나의 일에 1만 시간을 투자해서 전문가가 되라고들 조언한다. 하지만 나는 그 성공법이 대부분의 사람들에게 효과가 있는지 잘 모르겠다. 역사를 뒤돌아보면, 물론 한 가지 일에 집중하는 이들이 많았고 그걸 통해 유명해지기도 했다. 하지만 내가 보기엔 새로운 분야로 진출해서 새로운 기회를 찾고, 서로 전혀 관련 없는 분야를 개척한 덕에 성공한 이들이 훨씬 많았던 것 같다.

벤저민 프랭클린Benjamin Franklin을 예로 들어보자. 당시 매사추세츠만 식민지라고 알려져 있던 보스턴 지역에서 태어난 프랭클린은 자기 집안의 열다섯 번째 아이이자 막내아들이었다. 그는 학교 공부를 잘했지만 열 살 때 아버지가 운영하던 촛불과 비누 가게 일을 돕기 위해 학교를 그만둬야 했다. 가게 일에 흥미를 느끼지 못한 프랭클린은 형이 운영하는 인쇄소에서 견습생으로 일하게 되었다. 그의 형은 '가혹하고 폭군 같았기' 때문에 벤저민은 뉴욕으로 도망갔다. 그리고 마침내 필라델피아에 정착한 그는 한 분야의 전문가가 되지 않은 덕분에 위대한 유산을 남길 수 있었다. 사실 프랭클린은 여러분이 만날 수 있는 최고의 르네상스적 교양인

일 것이다.

그는 아마 제2차 대륙회에 참가하고 독립선언서 초안 작성에 참여한 것으로 가장 잘 알려져 있을 것이다. 미국 헌법 제정자 중 한 명이기도 한 그의 영향력은 조지 워싱턴과 어깨를 나란히 할 정도다.

그가 생전에 이룬 업적은 모든 정치가가 부러워할 만한 수준이다. 새로운 나라를 건국했는가? 그렇다. 그 새로운 나라의 건국 문서 작성을 감독했는가? 그렇다. 이 새로운 나라를 위해 조약과 동맹을 체결했는가? 그렇다. 그는 기본적으로 타의 추종을 불허하는 이력서를 가지고 있다.

만약 집중력과 전문 지식에 대한 현대인의 지혜에 의거해 판단한다면, 그가 인생의 대부분을 정치에 대해 배우고, 대사 일을 하고, 자기 시대의 중요한 정치 서적을 읽으면서 보냈다고 결론 내릴지도 모른다. 만약 그가 전문 정치인으로서 1만 시간을 보냈다면, 어떻게 다른 일을 할 시간을 낼 수 있었을까?

하지만 벤저민 프랭클린이 평생 정치인이 되는 데만 몰두했다고 생각한다면 큰 오산이다. 사회에 대한 그의 공헌과 전반적인 관심은 정치나 정부, 국가를 뛰어넘어 훨씬 멀리까지 확장되었다. 그리고 이런 다양한 관심사는 어린 나이부터 시작되었다. 프랭클린은 어릴 때부터 필라델피아에 있는 스쿨킬강에서 수영 연습을 해 거의 전문적인 선수 수준이 되었다. 열아홉 살 때 영국에서 보트 여행을 하던 프랭클린은 템스강을 따라 첼시에서 블랙프라이어스Blackfriars까지 약 5.6킬로미터를 헤엄쳐 갔다고 전해진다. 그는 수영만 한 게 아니라 가는 내내 온갖 묘기를 부리면서 배에 타고 있는 동료 여행자들을 즐겁게 해줬다. 심지어 1968년에는 국제 수영 명예의 전당에 사후 헌액되기도 했다.[25] 평생 정치인으로 살아간 이에게 전혀 예상도 못했던 부분이다.

또 프랭클린은 전기에 매료되었고 심지어 이 분야에서 사용하는 어휘까지 전부 만들어냈다. 예전에는 전기 실험을 한 사람이 거의 없었기 때문에, 그가 접한 현상을 묘사할 단어가 존재하지 않았던 것이다. 한 학자의 주장에 따르면, 프랭클린 덕분에 배터리, 브러시, 충전, 전기 기사 같은 전기 관련 용어 25개가 처음으로 영어에 도입되었다고 한다.[26] 정부에 대한 지식도 신생 분야에서 지식을 키우는 능력을 방해하지는 않았던 게 분명하다.

프랭클린은 주로 정치가로 간주되긴 하지만, 사람들 대부분은 그의 수많은 발명품 가운데 몇 가지 정도는 다들 알고 있다. 특히 잘 알려진 건 이중 초점 안경, 프랭클린 난로(더 효율적으로 가열되는), 피뢰침 등이다. 하지만 그가 유리 하모니카('아르모니카 armonica')와 높은 선반에 있는 책을 꺼내기 위한 기계 팔, 흔들의자, 주행 기록계, 그리고 신축성 있는 요도 카테테르를 발명했다는 사실은 알고 있는가?

그는 또 토머스 본드Thomas Bond 박사와 함께 1751년에 필라델피아에서 미국 최초의 병원 설립을 도왔다. 그는 나중에 "내가 기억하는 어떤 정치적 책략의 성공도 (병원보다) 큰 기쁨을 안겨주지는 못했다"고 말했다. 군에서도 활약하여 프랑스-인디언 전쟁 중에 군대를 지휘했는데, 당시 영국군 영토가 점점 미국인들에게 점령 당하면서 영국군과 프랑스군(그들의 원주민 동맹과 더불어)은 상황이 좋지 않았다. 프랭클린은 모라비아 정착지의 요새 건설을 감독하고, 적들의 구역을 정리하고, 요새를 추가로 건설하기도 했다. 하지만 물론 그는 사람들을 이끄는 동안에도 새롭고 더 나은 방법을 만들어냈다. 개를 경비원 보조로 이용하는 방법을 도입하고, 더 많은 이들이 예배당을 찾도록 하기 위해 설교가 끝나면 럼주를 나눠주기 시작했으며, 보수도 받지 않고 봉사했다.[27]

벤 프랭클린처럼 전혀 다른 여러 가지 분야에서 성공한 사람이 있었을까? 발명가, 군인, 정치가, 전기 기사, 인쇄업자…… 수영선수까지? (그런 사람이 몇 명 떠오르긴 한다. 화가이자 해부학자였던 레오나르도 다 빈치, 발명가 겸 정치가였던 토머스 제퍼슨Thomas Jefferson, 소설가이자 곤충학자였던 블라디미르 나보코프Vladimir Nabokov, 비행사이자 영화감독이었던 하워드 휴스Howard Hughes 등이 그렇다.)

그런데 요점이 뭘까? 그렇게 폭넓은 관심사를 갖는 게 가치 있는 일일까? 한 가지 일에 집중하는 게 더 타당하지 않을까? 프랭클린이 정치에만 집중했다면 훨씬 유명한 정치인이, 어쩌면 미국의 초대 대통령이 될 수도 있지 않았을까?

마지막 질문에 대한 답은 결코 알 수 없겠지만, 내 경험상 이것만은 말할 수 있다. 여러분 삶에 다양성을 포함시키면 큰 이점이 생기는데, 그건 한 가지 일에만 집중해서 얻을 수 있는 잠재적 이익보다 훨씬 크다고 생각한다. 프랭클린이 어릴 때부터 신문 인쇄업자나 정치인, 수영선수, 전기 기술자가 되기로 결심하고 쭉 외길만 걸었다면 그가 포기해야 했을 모든 것과 포기해야 했을 모든 경험을 상상해보라. 그리고 인류가 놓치게 되었을 많은 것들을 상상해보라.

다양성이 여러분 삶에 활력을 불어넣을 수 있는 이유는 많다.

우선, 프랭클린의 다양성을 여러분의 삶에 접목시키면 호기심이 많아진다. 그는 전기를 연구하기 시작하면서부터 완전히 새로운 분야로 마음을 열어놓게 되었고, 이를 통해 질문을 던지는 연습을 더 많이 하게 되었다. 우리가 한 가지 일에만 집중해서 점점 잘하게 되고 심지어 전문가 수준에까지 도달하게 되면, 질문에 답만 할 뿐 직접 질문하는 법을 잊어버리기 쉽다. 새로운 관심사를 찾고 그와 가까운 연구 분야에 진출하면, 호기심을 유지하는 방법을 기억하게 된다.

'나'를 계속 확장시킬 때마다, 모든 분야에서 더 창의력을 발휘할 수 있게 된다. 나는 프랭클린의 전쟁 지식이 정치인으로서의 역량을 향상시켰을 거라고 확신한다. 그의 전기 실험은 인쇄 기계를 다루는 기술에 도움이 되어, 그가 소유한 많은 인쇄기를 잘 작동시킬 수 있게 되었을 것이다. 그리고 작가로서 보낸 많은 시간도 그를 더 좋은 정치가로 만들었음이 분명하다. 삶에 다양성을 더하면, 단 하나의 초점으로는 불가능한 방식으로 능력을 확장시킨다.

인생에 다양성을 끌어들일 것

◇◇◇◇◇

2000년에 오클라호마시티에서 공교육 사업을 추진하기 위해 한 단체가 뭉쳤다는 사실을 알게 되었다. 스포츠 시설과 문화 센터를 위한 사업안MAPS(대도시권 프로젝트라고 한다)이 통과된 것을 본 이 단체는 교육 분야에도 똑같이 해야 한다고 생각했다. 1970년대에 법원이 명령한 인종 차별 폐지 노력 이후, 학교 후원자들은 학교채 투표에서 거의 다 졌는데 이는 오클라호마주 헌법이 요구하는 60퍼센트의 압도적 다수 찬성제 때문이었다. 가장 최근의 5000만 달러 채권안은 58퍼센트의 찬성을 얻어 '실패'했다.

이 때문에 학교와 스쿨 버스는 상태가 좋지 않고 기술은 구식이었다. 게다가 이 교육구의 학생 인구는 빈곤율이 90퍼센트에 달했고, 교육구는 수입지출 균형을 맞추지 못했으며, 재정(청구서 납부) 상태는 계속 악화됐다. 한마디로 교육구 전체가 엉망이었다.

나는 10여 명의 재계 및 정계 지도자들과 함께 KIDSKeep Improving District Schools 위원회를 결성해서 2년 동안 학교 건물 상태를 조사하고 지역사회의 참여를 유도했다. 그리고 총 5억 1200만 달러의 기금을 조성해서 모든 학교를 수리하고, 학교 4개를 새로 짓고, 스쿨버스를 전부 교체하며, 학교마다 광케이블을 깔고, 본부 건물에 새로운 MIS(경영정보시스템)를 설치하고, 관리 감독을 위한 이사회 의장직을 마련하자고 제안했다.

전에는 학교 이사회가 내부에서 자체적으로 의장을 선출했다. 따라서 모든 사람에게 책임이 있는 구조였지만 결과적으로 아무도 책임지지 않았다. 이런 노력의 일환으로, 나는 법에 따라 정해진 의장직을 지지하기로 하고 오클라호마시티 시장과 함께 이 캠페인의 공동 의장을 맡았다.

100만 달러를 들여 캠페인을 벌인 끝에, '맵스 포 키즈MAPS for Kids'라는 이름의 사업 계획이 61퍼센트 찬성으로 통과되었다. 나는 2001년부터 2008년까지 이사회 의장으로 일하게 되었다. 이 사업을 시작하자마자 스쿨버스를 전부 교체하고, 모든 학교를 개보수하고, 학교 4개를 새로 지었으며, 청구서를 다 제때 납부하고, 10년 만에 처음으로 교육구 청렴 감사를 받았으며, 평균 표준화 시험 점수가 4년 연속 상승했다.

나는 당시 소닉도 동시에 운영하고 있었기 때문에 정말 힘든 일이었지만, 내가 예상했던 것보다 더 많은 의미가 있었다. 그건 공익을 위해 봉사할 수 있는 다시 없는 기회였고 절대적인 헌신이 필요했다. 그 후 오랫동안, 오클라호마시티의 교육 환경 개선을 위해 노력해줘서 고맙다며 사람들이 가던 길을 멈추고 인사를 건넬 정도였다. 그런 인사를 받을 때마다 나는 사실 한 일이 별로 없고 팀 전체가 노력한 덕분이라고 말했다.

그들도 우리가 노력하는 모습을 보고 어떤 일, 그들이 열정을 품고 있는 어떤 일을 지지하게 되었을지도 모른다고 믿고 싶다. 이건 한 가지에만 집중하는 데서 벗어나 우리 자신을 확장했을 때 얻을 수 있는 또 하나의 중요한 이점이다. 특히 기업이나 팀 환경에서 일할 때 호기심과 창의력을 드러내면 주변 사람들에게도 그렇게 하도록 독려할 수 있고, 그들이 현재 진행 중인 프로젝트에 영감을 줄 수도 있다. 여러분이 누구에게 영감을 주게 될지 알 수 없는 일이다.

프랭클린이 연에 열쇠를 묶어서 연줄을 타고 전기가 흐르도록 하는 유명한 실험을 했다는 얘기를 들은 루이지 갈바니Luigi Galvani 라는 사람은 죽은 개구리의 몸에 전기가 통하게 하는 실험을 시작했다. 여러분도 짐작하겠지만, 전기가 흐르자 개구리 다리가 움직였다. 갈바니는 이 연구로 생물 전기, 즉 근육과 분비선의 작용을 유발하는 전기 패턴과 신경 신호를 발견했다. 갈바니가 이 연구 분야를 계속 개척하는 동안, 그의 연구에 영감을 받은 흥행사들은 사람 시신에 전류를 연결해 죽은 자를 깨우려는 시도를 하기도 했다. 메리 셸리Mary Shelley라는 젊은 여성은 이 실험을 세계적으로 유명한 공포 소설 『프랑켄슈타인』의 토대로 삼았다. 이런 전설과 이야기가 모두 사실이라면, 벤자민 프랭클린의 영향력이 세계 최초의 공포 소설이 탄생하는 데에 영감을 주는 데까지 확장된 셈이다.

내 관심사나 발견이 생물학적인 발전이나 새로운 책 장르나 대중 운동으로 이어지지 않은 건 사실이다. 하지만 나의 내면에서는 그것이 남편이자 아버지이자 친구이자 사업가로서의 발전을 이끌었다. 내 삶의 질을 높였고, 주변 사람들에게 풍요로움을 더했으며, 내 일에도 긍정적인 영향을 미쳤다.

이 책 앞부분에서 얘기한 것처럼, 나는 음악도 아주 좋아한다. 기타와 피아노를 독학으로 익혔는데, 10대 때 기타를 처음 치기 시작했고 나중에는 조부모님이 물려주신 피아노 앞에 앉아 빌리 조엘의 곡을 연주했다. 소닉에서 일하기 시작한 뒤, 동료들 가운데 몇 명도 아마추어 음악가로 활동한 적이 있는 음악 애호가들이란 걸 알게 되었다. 처음에는 이 집 저 집 돌아다니면서 같이 연주하다가 좀 더 정기적으로 연습을 하게 되었고, 이내 근처에서 공연을 해보면 어떻겠느냐는 얘기까지 나왔다. 우리는 소닉 톤즈 Sonic Tones라는 팀명으로 활동을 시작하게 되었다. 편안하게 즐기던 사내 밴드가 로큰롤 명예의 전당에서 공연을 해달라는 요청을 받을 정도로 발전했다. 중요한 것은 음악적으로 밴드가 얼마나 유명해지고 성공했는가가 아니다. 밴드 활동은 창의력의 근육을 늘리고 일 이외의 부분에서 협력하는 기쁨을 안겨주는 효과가 있었다. 이로써 나와 동료들은 남의 의견을 경청하고 공감할 줄 아는 팀 플레이어가 되었다.

프로필에 '아마추어 음악가'라는 타이틀을 추가하면 CEO나 이사를 추가했을 때와는 완전히 다른 성취감이 든다. 생뚱맞아 보일 수도 있지만 새로운 일이 주는 기쁨과 해방감을 느꼈다. 아주 멀리서 내 모습을 바라보면, 다양한 관심을 가지려는 의지 덕에 더 균형 잡힌 사람이 되었음을 알 수 있다. 나는 의식적으로 '앤드'를 늘렸고, 결국 가장 중요한 성장 기술은 어느 한 가지에만 집중하는 걸 삼가고 다재다능한 상태를 유지하는 훈련이라는 걸 배웠다.

'나'를 확장시켜나가는 법

　인간은 칭호를 좋아한다는 데 동의하는가? 최고위자. 리더. 수석. 의장. 대표. 링크드인LinkedIn 페이지를 쭉 살펴보면 얼마나 많은 사람들이 이런 칭호를 얻기 위해 노력하고 비로소 존경 받고 싶어 하는지 다 드러난다. 우리가 가진 명칭은 대부분 외부에서 정해준 것이므로 어느 정도까지는 괜찮다. 하지만 위험성이 전혀 없는 건 아니다. 어떤 칭호를 부여하는 것(혹은 더 나아가 그걸 받아들이는 것)은 자기가 할 수 있다고 생각하는 일과 스스로 정하는 한계를 제한할 수 있는데, 그러면 인생이 상당히 지루해진다.

　예측 가능성에 대한 인간의 기본적인 특성을 보면, 왜 우리가 다른 사람이나 자기 자신에게 칭호를 붙이는 걸 좋아하는지 알 수 있다. 칭호를 붙이면 일이 간단해진다. 손쉽게 가치를 분류할 수 있기 때문이다. 문제는 인간은 단순하지 않고, 솔직한 경우도 별로 없으며, 칭호를 통해 표현할 수 없는 특성이 많다는 것이다. 고작 하나의 칭호에 우리가 어떤 사람인지 전부 담아내는 건 불가능하다.

여러분의 정체성도 칭호로 감싸여 있는가? 어떤 칭호인가? 직업적인 이야기만이 아니다. 엄마, 아빠, 코치, 간병인, 자원봉사자 같은 칭호는 명예롭게 얻은 것이지만, 그만큼 제한적으로 느껴질 수도 있다. 살면서 꼭 하고 싶었던 역할을 얻었지만, 영원히 그 역할에 갇히는 경향이 있다. 남들에게 알려진 우리의 칭호는 인간 경험의 복잡성을 반영하며 역동적으로 변화해야 한다.

인생을 완전히 예측할 수 있더라도 그것만으로는 충분하지 않다. 우리가 할 수 있고, 볼 수 있고, 될 수 있었던 게 항상 있을 것이다. 난 모든 사람이 내면 깊숙한 곳에서는 흥분과 모험을 갈망한다고 굳게 믿는다. 머리로 인생을 살아간다면 인생은 예측 가능하고 지루해진다. 하지만 마음으로 살아간다면, 결코 멈추지 않는 내면의 방랑자에게 접근한다면, 인생은 호기심과 탐구심, 다재다능함으로 가득 차게 될 것이다. 그건 우리가 함부로 꼬리표를 붙일 수 없는 그런 삶이다.

인생

버킷 리스트가 있는가? 거기에는 어떤 내용이 담겨 있는가? 그 중에서 이룬 일이 있는가?

우리들 대부분은 하고 싶은 일, 가보고 싶은 곳, 죽기 전에 이루고 싶은 일에 대한 목록을 가지고 있다. 그 목록에는 에베레스트 등반, 마라톤 완주, 스카이다이빙, 해외여행, 책 쓰기 같은 포부가 가득하다. 목표에는 제한이 없고 무엇이든 잘못된 것은 없다. 원대한 목표가 있으면 노력할 대상이 생기고, 계속 영감과 의욕이 솟는다. 이루고자 하는 일들이 항상 웅장할 필요는 없다. 우리가 세운 목표를 달성하기 위해 항상 역경을 이겨내거나 엄청난 돈을 모으지 않아도 된다. 좀 더 작게 생각해보자.

여러분은 어떤 게 궁금한가? 자주 읽는 글은 무엇에 관한 것인가? 마음이 끌리는 일이 있는가? 어쩌면 예전부터 새로운 언어를 배우고 싶었을 수도 있다. 요리 수업이나 골프 레슨을 받는 것에 대해 자주 생각해봤을지도 모른다. 배우자나 자녀, 혹은 친구들과 함께 독서 모임에 가입하거나, 지자체에서 분양하는 작은 텃밭을 사거나, 암벽등반을 배우는 등 여럿이 할 수 있는 활동을 즐기고 싶을 수도 있다. 자기가 아직 추구하지 않은 관심사를 방해하는 게 뭔지 생각해보자. 무엇 때문에 자꾸 망설이는가? 소박한 즐거움을 선택해 그걸 여러분 삶에 더한 뒤 무슨 일이 일어나는지 지켜보자. 자기가 뭔가를 해냈다는 사실에 기뻐하고 싶은가? 아니면 그때 할 걸 그랬다고 후회하고 싶은가?

일

요즘 같은 시대에는 경력에 집중하는 경향이 매우 강하다. 우리는 이상할 정도로 정체성을 직업과 연결 짓는다. 가장 최근에 활동했던 사교 모임을 떠올려보자. 낯선 사람을 만나면 가장 먼저 하거나 받은 질문 중 하나는 "무슨 일을 하세요?"였을 게 틀림없다. 대부분 생계를 위해 하는 일을 통해서만 자신을 바라보려는 습성이 있다. 하지만 우리는 그보다 훨씬 복잡한 존재이며, 자신의 직업과 너무 밀접하게 연관되지 않도록 할 수만 있다면 더 큰 존재가 될 수도 있다. 그렇다고 계속 다른 직업을 찾아야 한다는 얘기가 아니다. 원한다면 현재 하는 일 이외의 다른 일, 때로는 더 의미 있는 일을 할 수도 있다는 뜻이다.

배우 스티븐 시걸Steven Seagal은 자원봉사로 보안관 대리 겸 국경 순찰 요원으로 일한다. 로스앤젤레스 에인절스Los Angeles Angels 외야수 마이크 트라우트Mike Trout는 야구 시즌이 끝나면 폭풍우를 쫓아다니는 자칭 '날씨 괴짜'다. 가수 토니 베넷Tony Bennett은 주로 유화와 수채화로 풍경화를 그리는 화가로, 스미스소니언Smithsonian에도 그의 작품이 3점이나 걸려 있다. 작곡가 필립 글래스Philip Glass는 음악계에서 성공을 거둔 뒤에도 수십 년 동안 배관공 일을 계속했다. 자주 회자되는 이야기에 따르면, 그가 배관공 일을 하던 중에 무슨 소리가 들려 고개를 들어보니 《타임》지 미술 평론가인 로버트 휴스Robert Hughes가 믿을 수 없다는 표정으로 그를 쳐다보고 있었다고 한다.

"당신 필립 글래스 맞죠? 여기서 뭐하는 겁니까?" 휴스가 물었다. 글래스는 배관공으로서 작업이 곧 끝날 거라고 말했다.

"당신은 예술가잖아요." 휴스가 말했다.

"예술가지만 때로는 배관공이기도 하죠. 그러니까 일을 끝낼 수 있게 저리 좀 비키세요."

비즈니스 세계에서는 마감일이나 사내 정치, 승진에 정신이 팔려서 목적을 쉽게 잃어버릴 수 있다. 그런 건 인생에서 중요한 문제가 아니라는 걸 잘 알면서도 말이다. 직장에서는 불가능한 내면의 성취감을 얻기 위해 업무 외적으로 할 수 있는 일이 뭐가 있을까? 여러분의 컵을 채우기 위해 할 수 있는 관심이 있거나 열정을 느끼는 프로젝트는 무엇인가? 마야 앤절로Maya Angelou의 말처럼, "생계를 꾸리는 것과 삶을 꾸리는 건 다르다는 걸 배웠다."

리더십

소닉 본사에 있는 사무실은 대부분 벽면이 유리로 되어 있는데, 내 사무실도 마찬가지다. 내 사무실은 사방이 유리창으로 이루어져 있어 사생활이 전혀 없다. 물론 말소리까지 다 들리지는 않겠지만 내 모습은 항상 볼 수 있다.

완전히 노출된 덕분에 나는 동료들 눈에 다가가기 쉬운 사람이 되었는데 내가 유리방을 선호하는 이유는 이것이 아니다. 안팎이 훤히 보이는 유리창은 직원들이 여러 가지 일을 하고 있다는 걸 내게 끊임없이 일깨워주는 역할을 했고, 덕분에 나는 진행되는 모든 일을 소중하게 여기게 됐다. 그래서 소닉이 거둔 성공은 대부분 회사를 위해 열심히 일해준 직원들 덕분이라는 걸 잘 안다. 그들이 어떤 사람인지 알아봐야겠다는 생각이 들게 한다. 그들의 삶에 대해서 듣고 계속 관여하고 싶어지는 것이다.

여러분이 이끄는 사람들이 눈에 보이는가? 진짜로? 그들이 하는 일뿐만 아니라, 그들이 누구인지 알고 있는가? 리더십은 사람에 관한 것이므로, 사람들을 소중하게 여기고 이해하지 않으면 이끌 수 없다. 동료와 얘기를 나눌 때는 그가 잡역부든 임원이든 상관없이 항상 그가 하는 일 이전에 사람이 존재한다는 걸 기억하자. 그들은 성과를 만들기 위한 도구나 자원 이상의 존재다.

8장

리더는
중요하지만
생각보다
덜 중요하다

영웅적 1인 리더십의 종말

◇◇◇◇◇

딘 스미스Dean Smith 코치는 36년 동안 노스캐롤라이나대학교 채플힐의 남자 농구팀을 이끌었고, 그의 업적만 나열해도 이 책을 꽉 채울 수 있을 정도다. 그중에서 특히 중요한 사항 몇 개만 살펴보자. 그는 은퇴할 때까지 879승을 거뒀는데, 이는 당시 남자 대학 농구계에서 최다 우승 기록이었다. 그의 팀은 파이널 4에 11번 출전했고, 전국 우승을 두 차례 차지했다. 1976년에는 올림픽에 출전한 미국 남자 농구 대표팀의 코치를 맡아서 금메달을 땄고, 1983년에는 농구 명예의 전당에 입성했다. 그는 역대 최고의 농구 선수 마이클 조던을 지도하는 등 그가 이룬 혁신은 오늘날까지도 계속 경기에서 볼 수 있다.[28]

그는 이런 놀라운 성공과 뛰어난 지도력에도 불구하고, 경력 내내 팀과 선수들을 가장 중시했다. 스미스 코치는 자기가 쓴 『캐롤라이나 웨이The Carolina Way』(성공한 코치라면 반드시 읽어야 할 필독서다)라는 책에서, 팀원들이 시합이나 토너먼트에 참가하기 위해 민간 항공사를 이용할 때마다 꼭 지켰던 사소한 여행 세부사항에 대해 이야기했다. 4학년 선수들에게는 일등석을 줬다. 일등석 자리가 남으면 나머지 선수들 가운데 가장 키 큰 선수에게 줬다. 그 외의 선수들은 일반석에 앉았고, 코치와 매니저들은 모두 맨 뒷좌석에 앉았다.

키 크고 나이 많은 선수들의 편안한 비행을 도왔을 뿐 아니라, 팀 내부에 서로를 존중하는 분위기와 서번트 리더십 환경을 조성했다. 한마디로, 딘 스미스 코치는 존중과 배려의 태도를 무의식적으로 전파할 수 있는 의식을 도입한 것이다.

스미스는 항상 팀을 최우선으로 생각했고, 이것이 그가 지도하고 만든 전설적인 팀들의 토대였다. 여기에는 모든 리더, 특히 팀을 구성하고 '우리'라는 의식을 확장하고자 하는 이들이 갖춰야 할 리더십이 담겨 있다. 스미스는 그 방에서(혹은 비행기에서) 가장 중요하지 않은 사람들도 자기가 가장 중요하다고 느끼게 해줬다. 이는 그들이 제멋대로 굴도록 하기 위해서가 아니라 서번트 리더십을 통해 평등한 분위기를 조성할 수 있다고 확신했기 때문이다. 그는 마땅히 공을 인정받아야 하는 상황에서는 자기 공로를 내세우지 않았지만, 나쁜 결과가 발생하면 가장 먼저 책임을 졌다. "우리가 시키는 대로 하면, 승리는 네 공이 되고 패배는 내 책임이 될 것이다." 노스캐롤라이나의 전 코치는 존경을 요구하지 않았다. 겸손한 태도로 모든 이들의 존경을 얻어냈다.

자기는 이 상황에서 가장 중요한 사람이 아니라는 스미스 코치의 굳건한 믿음이 그를 더 강하고 효과적인 리더로 만들었다.

딘 스미스가 사망한 2015년에 《포브스》에는 영웅적인 리더십의 죽음을 다룬 기사가 실렸다.[29] 여기서 그들은 최고 경영진과 직원 사이에 명확하고 분명한 선을 그었던 산업 시대의 모델을 참조한다. 진보에 영향을 미치고, 자기 명령을 따르는 이들에게 보상을 해주는 사람이 한 명 있다. 영감이나 동기 부여, 제거 등을 통해 이루어지는 모든 변화는 그 영웅적인 리더가 취하는 행동에 의해서만 발생할 수 있다.

이런 게 구식 경영 모델이라는 생각이 든다. 1950년대와 1960년대에 미국 경제계를 지배하던 군사 산업 문화가 사라진 후 현재 미국 경제의 제조 기반 중 상당 부분이 해외에 있다. 이에 따라 기업의 리더십 문화가 바뀌어야만 하는 상황이 적어도 2가지 이상 발생했다. 첫째, 미국의 고용주들은 대부분 서비스 조직이기 때문에 거기서 생산되는 제품은 전부 창의적이고 업무에 긴밀히 참여하는 인력에서 나온다. 둘째, 디지털 정보 시스템이 광범위하고 동시적인 정보 분산을 허용한 덕에 조직이 수평화되면서 구식 계층 구조의 명령과 통제 프로세스는 더 이상 기능하지 않게 되었다. 그런 구조를 가진 회사는 비효율적인 공룡 혹은 잘해봐야 느려터진 나무늘보 같은 처지가 되었다.

지금까지 관심 있게 지켜봤다면, 내가 경영진으로서 이런 명령과 통제 모델을 따르지 않는 것이 이해될 것이다. 나는 영웅이 아니다. 특히《포브스》가 묘사한 영웅적인 인물의 특징과는 전혀 맞지 않는다. 그리고 이제 다들 내가 어떤 분야의 전문가라고 생각하지 않는다는 걸 알 것이다. 나는 내가 맡은 역할을 다하기 위해 주변 사람들에게 많이 의존했었다.

문제는, 다 함께 힘을 모으는 공유 리더십 모델로 회사를 운영하는 것과 관련해 내게 선택의 여지가 없었다는 것이다. 소닉은 프랜차이즈 사업을 하는 회사기 때문이다. 어떤 일을 하건 프랜차이즈 가맹점들의 동의와 지지가 필요했다. 신제품 개발부터 프로모션과 신기술 도입 계획에 이르기까지 거의 모든 과정에 그들을 포함시켜야 했다. 우리 프랜차이즈 시스템 내부에 존재하는 이런 공유 리더십의 강점이 소닉의 가장 큰 강점 중 하나다. 그들이 성공해야 소닉도 성공할 수 있으므로 그들의 목소리를 매우 중요하게 여겼다.

모든 것을 아는 사람이 가장 위험하다

◇◇◇◇◇◇

1990년대 중반에 소닉이 전국 모든 매장에서 메뉴와 유니폼을 통일하고, 고객 피드백을 활용하고, 매장 단위의 자본 투자 필요성을 확인하기 위해 변화를 단행하려고 한 적이 있다. 시장에 기반을 둔 프랜차이즈 가맹점의 젊은 점주들이 매장을 여러 개 소유한 나이든 점주들보다 중요한 변화를 받아들일 준비가 잘 되어 있다고 느꼈다. 하지만 다점포 소유주들에게 다른 관점을 주입하거나 강압적인 방식을 쓰기보다는, 젊은 운영자와 나이든 운영자를 모두 초대해서 지역별로 회의를 열기 시작했다. 회의가 어떻게 진행될지, 우리가 제시한 모든 일이 어떻게 받아들여질지 알 수 없었지만, 전국의 소닉 가족을 존중했기 때문에 우리가 가진 정보와 아이디어를 제시하고 토론할 수 있는 장을 마련한 것이다. 우리는 곧 다가올 새로운 밀레니엄을 목표로 삼아, 이 과정을 소닉 2000 이라고 불렀다.

그 다음에 일어난 일은 정말 고무적이었다. 젊은 사업자들은 임원 입장에서는 불가능한 방향으로 목소리를 냈다. 그들은 본사가 제시하지 못하는 관점뿐만 아니라 본사가 가지지 못한 영향력과 관계적 자본도 가지고 있었다. 그리고 점포를 여러 개 소유한 사업자가 생각을 바꾸게 된 것도 그 젊은 사업자들의 목소리 덕분이다. 마침내 모든 사람이 시스템 전체에 걸쳐 더 큰 일관성을 추구하게 되었다. 수개월 동안 고도로 조직화된 과정이 진행되었는데, 이 모든 게 팀워크를 중시한 방식 덕분에 가능했다.

결과는 매우 성공적이었고 심지어 변혁적이기까지 했다. 본사 직원들이 뭔가를 요구하는 게 아니라, 일부러 뒤로 물러나서 모든 정보를 다 제공할 수는 없다는 사실을 인정했다. 회사는 프랜차이즈 가맹점들이 회사 전체에 가장 이익이 되는 결정을 내릴 수 있으리라고 믿었다. 영향력 있는 목소리가 이길 수 있는 토론회를 마련함으로써 모두가 함께 움직였다. 우리 회사는 운영상으로는 물론이고 기업 문화면에서도 큰 성공을 거두었다. 이를 통해 본사와 가맹점의 관계는 더 가까워졌고, 우리가 믿는 공동의 리더십을 강조하는 데 도움이 되었으며, 브랜드까지 강화되었으니 모든 면에서 승리한 셈이다.

자기가 모든 걸 다 알지는 못한다는 사실을 인정하는 게 일의 첫 번째 단계가 되는 경우가 많다.

"모르는 게 약이다"라는 옛 속담을 들어본 적이 있는가? 오랫동안 사용되어 온 이 속담은 1576년에 작가 조지 페티George Pettie가 『작은 궁전Petit Palace』이라는 책에 쓴, "내가 그 일을 모르는 한, 그것 때문에 고통스럽지는 않을 것이다"라는 문장에서 유래된 것이다. 사실은 여러분이 모르는 것들이 알고 있는 것보다 더 중요할 수도 있다. 예를 하나 들어보자. 1950년대에 토목 기사들은 자기도 모르는 새에, 말라리아 다음으로 흔한 인간 기생충 질병인 주혈흡충병이라는 전염병을 증가시켰는데 이 병에 걸리면 사람이 쇠약해진다. 이 전염병은 기생충의 중간 숙주인 민물 달팽이로 인해 물이 오염된 지역에서 자주 발생하여 급성형은 '달팽이열'이라고 부르기도 한다.

토목 기사들은 그냥 자기 일을 했을 뿐이다. 관개 계획(강에서 펌프로 물을 끌어올리는 것과 같은)을 세울 때는 그런 시스템의 설계, 기반시설, 건설, 유지보수에 대한 교육을 받는다. 그들은 콘크리트와 물 흐름, 임펠러, 케이싱, 파이프 등 기술적인 부분에 대해서만 알면 된다고 여기면서 일을 했고, 병을 옮기는 달팽이 종이 번식하는 걸 막기 위해 속도를 제한하는 방법에 대해서는 전혀 몰랐다. 사실 그들에게는 쉽게 이용할 수 있는 간단한 저비용 대책이 있었다. 1960년대에 발표된 유엔 지침에는 그 토목 기사들이 설치한 것과 같은 관개 시설에 집어넣을 수 있는 통제 조치가 설명되어 있었다. 하지만 그들은 그 정보를 몰랐기 때문에 끔찍한 결과가 생겼다. 정보 부족으로 인해 사태의 연관성을 깨닫지 못한 것이다. 한 분야에 대한 그들의 전문성이 다른 분야의 부족함을 낳았다. 하나의 전문적인 관점에만 집중하느라 새로운 출처에서 새로운 정보를 얻는 데 취약해지고 어쩌면 조금 오만해졌을 수도 있다. 내 말을 오해하지 말기 바란다. 지식은 물론 훌륭하고 꼭 필요하지만, 아는 체하는 건 위험하다. 마이크로소프트의 CEO인 사티아 나델라Satya Nadella는 『히트 리프레시』라는 책에서, 모든 걸 다 아는 분위기에서 모든 걸 배우는 분위기로 기업 문화를 재편한 덕에 이 유명한 회사에 새로운 활력을 불어넣을 수 있었다고 얘기한다. 모든 리더와 모든 회사는 바로 이런 변화를 이루어야 한다.

여러분은 자신의 목표(또는 조직의 목표)를 달성하기 위해 실제로 필요한 정보와 조언이 아니라, 단순히 필요하다고 생각되는 것만 구하고 있지 않은가? 자기가 진실이라고 알고 있는 것에 근거해서 결정을 내리는가, 아니면 아직 자기가 모를 수 있는 진실을 밝히기 위해 일부러 찾아 나서는가?

안전하다고 느낄 때 최고의 능력이 발휘된다

◇◇◇◇◇

윌리엄 스웬슨William Swenson 대위라는 사람이 최근 미군에서 가장 명망 높은 개인 훈장인 의회 명예 훈장을 받았다. 1863년에 제정된 이 훈장은 대통령이 미국 의회의 이름으로 수여하는 것으로, 군 복무자 가운데 용맹한 행동으로 수훈을 세운 이에게 준다.

스웬슨 대위는 2009년에 아프가니스탄에 주둔해 아프간 정부 관리들과 원주민 원로들을 연결시키는 작전을 수행하게 되었다. 스웬슨 대위는 매복 공격을 받아 60여 명의 반란군에게 삼면이 둘러싸이자 공중 지원을 요청하고는, 부상자를 구조하고 사망자의 시신을 끌어내기 위해 적의 직접 사격을 받으면서 50미터의 공터를 몇 번이나 오갔다. 이렇게 적의 '킬 존kill zone, 많은 사람이 목숨을 잃는 군사 교전 지역—옮긴이'을 왔다갔다 하면서 부상당한 전우들을 헬기에 실어 의무 후송했다. 6시간 동안 이어진 총격전으로 15명의 연합군 사망자가 발생했는데, 스웬슨의 용감한 행동은 10여 명의 목숨을 구하는 데 직접적인 기여를 한 것으로 보인다.

그의 행동이 용감하고 헌신적인 리더의 표식이라는 데는 의심의 여지가 없지만, 그중에서도 내가 특히 주목한 부분이 있다. 당시 구조하러 간 의료진 중 한 명이 헬멧에 고프로 카메라를 달고 있었는데, 그날 스웬슨 대위가 목에 총상을 입은 부상병을 이송하는 모습이 담겼다. 이 영상에 부상병을 헬리콥터에 태운 스웬슨이 다른 이들을 구하러 전투에 복귀하기 전에, 몸을 구부려 부상병의 이마에 입 맞추는 모습을 볼 수 있다.

여러분도 저런 사람과 같이 일하고 있는가? 자기 안전보다 여러분의 안전을 최우선으로 생각하는 사람과? 절망의 순간에 그런 연민과 애정을 드러내는 사람과?

군대에서는 다른 사람의 이익을 위해 기꺼이 자신을 희생하는 이들에게 훈장을 수여한다. 회사에서는 우리가 이익을 얻을 수 있도록 다른 사람의 행복이나 성과를 기꺼이 짓밟는 이들에게 보너스를 준다. 우리가 퇴보하고 있다는 데 다들 동의하는가?

우리집 아이들이 어릴 때 들은 말이 생각난다. 아이들은 어릴 때 이루고 싶어 하는 게 하나 있는데, 그걸 이루면 마음속 깊은 곳의 갈망 때문에 생기는 끊임없는 의문을 해소할 수 있다는 것이다. 그건 바로 '내가 보이나요?'라는 의문이다. 아이들은 어릴 때 어른의 애정과 관심을 얻기 위해 무한한 에너지를 쏟는다. 하지만 아이들이 크면, 주목받고 싶다는 열망이 아이들에게서 부모인 우리에게로 퍼져나간다.

'내가 보이나요?'라는 질문은 사실 중요성과 관련된 것이다. 단순히 눈에 보이는 게 문제가 아니라, '내가 당신에게 중요한 존재인가?'를 묻는 질문이다.

동기 부여 강사이자 작가인 사이먼 시넥Simon Sinek은 TED 강연 중에, 포시즌스호텔 로비에 있는 커피 바에서 만난 노아라는 바리스타 얘기를 했다. 가벼운 농담을 몇 마디 주고받은 뒤, 사이먼은 노아에게 자기 직업이 마음에 드느냐고 물었다. 노아는 곧바로 "내 일을 사랑한다!"고 대답했다. 뭔가를 좋아하는 것과 사랑하는 것의 분명한 차이를 알고 있는 시넥은 포시즌스가 어떻게 해줬기에 자기 일에 그렇게 열정을 품게 된 거냐고 물어봤다. 노아의 말에 따르면, 하루 종일 매니저들이 근처를 돌아다니면서 어떻게 지내는지 안부를 물어본다고 한다. 커피 바의 안부가 아니라 노아의 안부를 묻는 것이다. 그리고 예전에 시저스 팰리스_{Caesars Palace}에서 일했던 얘기도 했는데, 거기 매니저들은 직원들 옆을 돌아다니면서 그들이 맡은 일을 다 잘하고 있는지 확인했다. 마치 어떻게든 잘못한 부분을 찾아내려고 하는 것처럼 말이다. 거기서 근무할 때는 노아도 그냥 고개를 푹 숙이고 매니저들의 감시 아래 의무적으로 일하다가 월급이나 받아갔다고 한다. 하지만 포시즌스에서는 평소의 자기 모습을 그대로 보여줘도 괜찮다고 느낀다.

이 두 호텔의 직원들에게 받을 수 있는 고객 서비스가 얼마나 다를지 상상이 가는가? 시넥은 한쪽 호텔에서는 다른 호텔과 완전히 다른 노아를 만나게 될 거라고 확신했다. 그리고 이건 직원 때문이 아니라 리더 때문이다. 리더는 사람들이 언제나 자신의 온전한 모습을 드러내도 안전하다고 느낄 수 있는 환경을 조성할 책임이 있다. 그런 동지 의식과 주변 사람의 행복에 대한 진정한 관심은 위에서부터 아래로 흐르게 마련이다.

"사장님에게 할 말 있으니 바꿔주세요"

✧✧✧✧✧

조직의 최고위층에는 결코 리더라고 할 수 없는 사람들이 많다. 그들은 권위자이고, 사람들은 그들이 자신에게 직접 권한을 행사할 수 있는 위치에 있기 때문에 명령에 따르는 것뿐이다. 하지만 선택권이 있다면 기꺼이 따를 사람은 많지 않을 것이다. 그런가 하면 회사에서나 사회에서나 공식적인 우위에 있지 않으면서도 리더 역할을 하는 사람들도 많은데, 이들은 무엇보다 합당한 '직책'이 없는 사람은 리더가 될 수 없다는 주장에 굴복하길 거부한다.

리처드 몬타네즈Richard Montañez는 1960년대 초에 남부 캘리포니아에 있는 이민 노동자 캠프(더 나은 삶을 위해 노력하는 멕시코 가족 수백 명을 위한 임시 정착촌)에서 자랐다. 그는 초등학교 5학년도 채 마치지 못한 상태에서 부모님과 11명의 형제자매를 부양하기 위해 이런저런 잡일을 하게 되었다. 그리고 10대 때 근처에 있는 프리토레이Frito-Lay 공장에 잡역부로 취직해 바닥을 닦고 쓰레기를 치우고 화장실 비품을 채웠다. 그러던 어느 날, 전 직원을 상대로 제작된 동영상에서 CEO가 하는 말을 들었다. "우리는 이 회사의 모든 직원이 주인처럼 행동하길 바란다. 변화를 시작합시다. 여러분은 이 회사에 속해 있으니, 여기를 더 좋은 곳으로 만들어야 합니다." 이 메시지는 몬타네즈의 뇌리에 깊숙이 박혔다. 얼마 뒤, 그는 동네의 한 노점상에서 엘로테elote(치즈와 버터, 라임, 칠리 등을 얹은 멕시코식 구운 옥수수)를 만드는 걸 보고, 프리토레이의 주력 상품 중 하나인 치토스에 이런 콘셉트를 적용하면 어떻게 될까 궁금해졌다. 그래서 직접 한번 해보기로 하고, 엘로테 조리법을 변형해서 만든 재료를 아직 오렌지색 양념을 뿌리지 않은 치토스에 올렸다.

이건 그의 가족과 친구들 사이에서 엄청난 인기를 끌었다.

모든 직원이 회사에 지분이 있는 소유주처럼 행동해야 한다는 CEO의 말을 떠올린 몬타네즈는 그가 진심으로 그런 말을 했으리라고 믿으면서 CEO에게 전화를 걸었다. 그렇다. 전화기를 들고 수화기 저편에 있는 비서에게 자기는 캘리포니아 공장에서 일하는 잡역부인데 사장님에게 보여줄 아이디어가 있다고 말했다. CEO는 몬타네즈의 아이디어를 듣기 위해 전화를 받았을 뿐만 아니라, 몇 주 뒤에 프리토레이 임원들이 모인 자리에서 그 아이디어를 발표하라고 초대까지 했다. 몬타네즈는 넥타이를 샀고, 그의 부인은 동네 도서관에서 빌린 마케팅 책을 보면서 프레젠테이션 준비를 도왔으며, 봉지는 어떤 모양이어야 하는지 보여주는 모형까지 제작했다. 그는 고개를 높이 쳐들고 회의실에 들어가 임원들을 설득했고, 결국 플레이밍 핫 치토스Flamin' Hot Cheetos를 대표 상품으로 내세운 프리토레이의 매콤한 스낵 라인이 새롭게 탄생했다.

몬타네즈는 회사 내에서 몇몇 직책을 맡다가 나중에는 임원 자리까지 올랐고, 인기 많은 강연자 겸 작가로 활동했으며, 심지어 그를 소재로 한 영화까지 나왔다. 자신의 성공을 위해 주도적으로 행동한 그의 집념과 용기는 매우 놀랍다. 그런데 사실 여기서 더 놀라운 점은 CEO의 행동이다.

이 조직의 최고 리더인 CEO는 수화기 저편에 있는 사람의 '신분'을 전혀 중요하게 여기지 않았다. 그는 포용력에 대해 얘기했고, 실제로 자기 말을 행동에 옮길 기회가 생기자 곧바로 받아들였다. 그는 비서에게 메시지를 받아두라고 말하지 않았다. 체면을 차리려고 일부러 전화를 안 받지도 않았다. 그는 아이디어만 받아서 몬타네즈 대신 발표하지도 않았고, 그게 마치 자기 아이디어인 양 굴지도 않았다. 그는 회사에서 자기의 역할은 직원과 고객을 위해 봉사하는 것이라고 생각했기 때문에, (비유적으로 말하자면) 두 번 고민하지도 않고 비행기 맨 뒷좌석에 앉았다.

만약 우리 모두가 스스로 생각하는 것만큼 중요한 인물이 아니라면 어떻게 될까? 프리토레이 CEO처럼, 우리의 위치는 우리를 지탱해주는 수많은 사람들에게 달려 있다는 걸 깨닫는다면 어떻게 될까?

아니면, 우리가 스스로 생각하는 것보다 더 중요한 존재라면? 리처드 몬타네즈의 경우처럼, 운동장이 사실은 평평하고 거기에서 우리가 올라갈 수 있는 높이는 스스로 올라갈 자격이 있다고 생각하는 높이에 달려 있다면 어떨까?

이 2가지가 모두 사실이라면?

지속가능한 성장의 열쇠는
오로지 '윈-윈'

결국 소닉도 이런 윈-윈 방식을 이용해, 지난 10년 사이에 경제적으로나 지리적으로 완전히 다른 수준에 올라섰다.

2011년이 되자 경기 대침체도 바닥을 쳐서 소닉을 비롯한 대부분의 이들이 안정을 찾았다. 그러나 사업에 활력을 불어넣고 새로운 차원으로 끌어올릴 수 있는 뭔가가 필요했다. 우리는 몇몇 방면에서 답을 찾았는데 특히 한 부분에서의 답이 눈에 띄었다.

30년 동안 마케팅 프로그램을 늘리면서 항상 지역 미디어의 영향력을 이용해 사업자들을 납득시켰다. 그러나 2010년이 되자 전국 케이블 방송이 매우 중요한 역할을 하게 되면서 모든 미디어 지출을 케이블 방송에 집중할 수 있게 되었고, 지출을 늘리지 않고도 우리가 사업을 운영하는 모든 시장에서 훨씬 큰 미디어 영향력을 갖게 되었다. 이제 필요한 건 핵심 시장에서 오랫동안 사업을 운영해온 사업자들에게 지역 마케팅 비용과 지역 미디어에 지출하는 예산 통제권을 포기하도록 설득하는 것이었다. 이건 사소한 일이 아니다. 라이선스 협약에 따르면 전체 시스템 중 3분의 2의 승인만 받으면 되지만, 가장 큰 시장에서 활동하는 사업자들은 현지에서 익숙해진(때로 효과가 의심스럽더라도) 특별하거나 특이한 지출을 포기해야 했다. 또 개인 사업자들은 우리의 미디어 예측이 정확하다고 믿어야 했는데, 대침체기를 몇 년 겪으면서 피해를 입은 입장에서는 힘든 일이었다.

하지만 우리도 2012년 6월부터 사업자들과 회의를 시작하고 9월에 연례 컨벤션이 열리기까지 여름 내내 시스템 전체에 걸쳐 캠페인을 벌이는 등 이 논의에 원윈 방식으로 접근했다. 그 컨벤션에서 우리는 전체의 3분의 2를 훌쩍 뛰어넘는 90퍼센트의 승인을 받았다. 이와 더불어 마케팅 지출을 늘리지 않고도 우리 시스템의 모든 시장에서 종합 시청률(시장과 전반적인 분야에서 폭넓게 인정받는 미디어 측정치)이 20퍼센트 이상 상승했다.

더 큰 이익을 얻기 위해 지역에서의 권한과 통제력을 포기한 덕분에 엄청난 보상을 얻게 되었다. 관련된 모든 이들이 이익을 봤다. 2013년부터 2016년까지 매출과 수익이 꾸준히 성장했다. 그리고 미국 소비자들에게 우리 브랜드를 각인시켜 전국적인 인지도를 확보했다.

"당신은 가장 최근의 _____로 평가받는다"라는 말을 들으면 자신의 빈칸에는 뭐가 들어갈지 알 것이다. 기업가라면 최근에 설립한 스타트업으로 평가받는다. 요리사라면 가장 최근에 만든 요리로 평가받는다. 배우라면 최근에 출연한 영화, 운동선수라면 최근 경기로 평가받는다. 성취와 성공을 계속 이어가야 한다는 압박감뿐만 아니라 전보다 나은 자신이 되어야 한다는 압박감도 느끼게 된다. 하지만 실제로는 어떨까? 저 말은 사실이 아니므로 압박감도 느낄 필요가 없다.

요즘에는 시간과의 경쟁에서 이겨야 한다는 말이나 쇠뿔도 단김에 빼라는 말을 쉽게 받아들이곤 한다. 지금 당장 뭔가를 성취해야 한다고 느끼고, 또 그 즉시 적절한 인정을 받고 싶어 한다. 결국 우리는 가장 최근에 칭찬 받은 일을 통해 평가를 받기 때문이다.

지금보다 더 나아지기를 바라는 건 잘못된 일이 아니지만, 장기적인 성장은 일시적인 성공이 아니라 긴 여정이다. 현대 기술 사회는 윈윈 전략이 아니라 당장의 성공을 꾀하는 윈-나우win-now 방식을 취하라고 종용하는 듯하지만 말이다. 윈-나우는 '난 내 몫을 취하겠다'는 개인화된 사고방식으로 큰 차이가 있다. 그런 사고방식은 적시성(여기에서는 관련성이라는 말로 바꿀 수 있다)보다 영구성이 더 중요하다는 사실을 놓치게 만든다. 지속적이고 일관된 불후성을 목표로 한다면 관심의 초점이 자연스럽게 자기 자신에게서 다른 사람으로, 자기에게만 도움이 되는 쪽에서 모든 이에게 도움이 되는 쪽으로 바뀔 것이다.

인생

우리는 자기 개선, 자기계발, 자기 보호, 자기관리, 자수성가 등 이른바 '자기'의 시대에 살고 있다. 한편으로 보면, 개인적으로나 사회적으로나 '나'를 중시하는 현상이 유행하면서 전례 없이 좋은 점이 생기기도 했다. 지난 20여 년 동안 운동, 중독, 다이어트 분야의 발전과 현대 의학의 발전이 결합되면서, 인간의 장수가 현대의 가장 위대한 업적 중 하나가 되었다. 그러나 다른 한편으로는, 자신에 대한 집중이 개인적인 성장을 위한 합리적인 전략에서 벗어나 자기만족과 자격에 대한 집착으로 변질된 것 같다. 다시 말해, 요즘에는 창문보다 거울을 선호하는 사람이 많은 듯하다.

거울을 보면 우리 자신이 보인다. 거울에 비친 자신의 장단점을 보고, 우리가 세상 사람들에게 어떻게 보이는지 즉시 확인할 수 있다. 창밖을 내다보면 다른 사람, 주변 환경 상태, 변화의 불가피성 등 다른 모든 걸 볼 수 있다. 거울은 우리의 자아를 충족시키고 창문은 관심을 다른 데로 옮긴다.

여러분은 거울을 보겠는가, 아니면 창밖을 보겠는가? 여러분은 자신의 자아와 욕구에 사로잡혀 있는가, 아니면 다른 이들의 행복을 먼저 생각하는 경향이 강한가? 남들에게 보이는 모습에 신경을 많이 쓰는가, 아니면 자신의 영향력에 신경을 많이 쓰는가? 여기서 도달하는 최종적인 질문은 이거다. 이런 자기 집착적인 세계에서 여러분은 집의 바닥부터 천장까지 거울로 채울 것인가 아니면 창문으로 채울 것인가?

일

취조실이 나오는 영화나 TV 드라마를 보면, 항상 한쪽 벽에 단방향 거울이 있다. 취조를 받는 사람은 거울에 비친 자기 모습을 보지만, 거울 반대편에 있는 FBI 요원이나 경찰, 변호사는 투명한 창문을 통해 취조실 안의 모습을 볼 수 있다. 여러분은 어느 쪽에 있고 싶은가?

일을 할 때는 대개 사무실에서 혼자 집중하는 경우가 많다. 주변에는 항상 프로젝트 성공이나 마감, 평판, 연례 성과 검토와 관련이 있는 이메일, 할 일 목록, 서류, 의제가 쌓여 있다. 그래서 주변 동료들이 마치 거울 저편에 있는 FBI 요원과 같다는 사실을 잊은 채, 자신의 세상에 갇혀 자기 일만 열심히 하는 것이다. 동료들은 우리가 생각하는 것보다 많은 걸 볼지도 모른다. 우리의 태도와 말, 변명과 반대를 꿰뚫어 본다. 그리고 무엇보다 우리가 혼자서 얼마나 열심히 일하는지 알고 있다.

여러분의 동료가 여러분을 관찰할 때도 그런 모습이 보일까? 여러분이 모두에게 유리한 방향이 아닌 본인에게만 유리한 방향을 추구한다면, 그들 눈에 다 보인다. 거울에 비친 자기 모습이 괜찮아 보인다고 생각할지도 모르지만, 그 거울은 투명하다. 그렇게 투명하기 때문에 그들은 여러분이 윈윈 태도를 취하고 있는지 볼 수 있고, 그런 속성이 쉽게 드러나는 모습도 볼 수 있다.

여러분이 속을 꿰뚫어 볼 수 있는 동료, 자기 생각만 하는 동료를 떠올려보라. 그들은 여러분을 속이지는 않는다. 하지만 그런 사람을 여러분 팀에 포함시키고 싶은가? 아마 싫을 것이다. 그들을 돕기 위해 애쓰고 싶은가? 아마 아닐 것이다. 그들이 마음을 바꿔서 자기보다 팀을 우선시하게 되면 바로 알 수 있는가? 그렇다. 그리고 그런 모습을 보고 그게 진심이라는 걸 알게 되면, 그들을 바라보는 시선과 소통하는 방식이 완전히 바뀔 것이다.

리더십

리더십과 관련해서도 적시성과 영구성의 차이가 중요하지만, 여기서는 위치와 자세의 차이에 더 중점을 둔다. 여러분의 위치란 사회적 지위를 가리킨다. 여러분의 사회적 지위는 무엇인가? 부사장이거나 CEO이거나 팀장일 수 있다. 그 지위는 중요하고 또 힘들게 얻은 것이다. 반면 자세는 평소 태도를 가리키는데, 이게 더 중요하고 얻기도 힘들다. 이는 여러분이 처신하는 방식이고, 함께 일하는 이들을 이끄는 방식이며, 최종적으로 가고자 하는 목적지까지 가는 방법이기도 하다.

자기 위치를 내세우는 리더는 '당신은 가장 최근의 ＿＿로 평가받는다'는 사고방식을 지닌 반면, 자세를 중시하는 리더는 '누구나 도움이 되는 부분이 있다'고 생각한다. 아이스크림 프로모션 때문에 다른 매장 주인들에게 압박을 받고 있던 소닉 프랜차이즈 가맹점의 상황을 내가 어떻게 처리했었는지 떠올려보자. 사실 그때는 시기가 별로 좋지 않았다. 내가 CEO의 입장에서 관련성이나 적시성만 생각했다면, 아이스크림 판매를 늘리는 게 부적절하다고 여겼을 것이다. 아이스크림은 소닉의 주력 상품이 아니었고 연간 판매량도 높지 않았다. 따라서 본사의 어느 누구도 아이스크림 판매량을 늘려야겠다는 생각은 해본 적이 없다. 하지만 나는 항상 그랬던 것처럼 새로운 영역으로 몸을 내밀면서 앞을 바라보는 자세를 유지했고, 진보는 당장의 승리를 의미하는 게 아니며 어떤 사람이나 아이디어를 시시하다거나 무의미하다면서 무시하는 건 도움이 안 된다는 걸 알고 있었다. 내가 보인 자세는 사다리 가로대가 아닌 사다리 전체를 생각하면서, 우리가 향하는 목적지와 다 함께 그곳에 도달할 수 있는 최선의 방법을 고민하는 것이었다.

여러분은 자신의 자세가 자랑스러운가? 어쩌면 현재의 위치를 발전시키는 것과 자세를 강화하는 것 중에 어느 쪽이 더 중요하냐고 묻는 게 나을지도 모르겠다. 훌륭한 리더는 후자에 더 신경을 쓴다.

9장

무엇이든 될 수 있는 사람이 되라

기업 주가를 최고치로 갱신한 전략

◇◇◇◇◇◇

지금까지 이 책에서 여러 가지 다양한 아이디어를 제시했는데, 이는 여러분이 예측 불가능성과 적응성의 개념에 익숙해지길 바랐기 때문이다. 내가 소닉에서 35년간 일하면서 깨달은 것처럼, 여러분의 길도 선택 가능한 방안이 제한되어 있다. 그리고 그 방안은 대부분 여러분이 선택한 것이 아니다. 언뜻 보기에 그 대부분은 여러분이 선호하는 경로와 일치하지도 않을 것이다. 심지어 때로는 마음에 드는 길이 하나도 없을 때도 있다. 여러분이 그 어떤 분야에서도 전문가가 아닌 상태로 이 삶을 받아들이려 한다면, 이런 가능성도 괜찮다고 여겨야 한다. 아니, 단순히 괜찮은 정도가 아니라 그걸 즐기고 기대하는 수준이 되어서 낯선 환경에서도 잘 지내고, 다가오는지도 몰랐던 기회를 포착할 수 있어야 한다. 적응은 일과 인생에서 성공하기 위한 토대다.

예상치 못한 변화를 받아들일 수 있는 능력은 개인 생활이나 직업에 최악의 상황이 닥쳤을 때 살아남을 수 있는지 아닌지를 판가름할 것이다. 여러분이 변화를 받아들이고 그걸 이용하는 방법을 배웠다면, 나쁜 상황이 닥쳐도 전에 가보지 못한 새롭고 흥미로운 장소로 갈 수 있을 것이다. 하지만 변화에 저항하면서 위기에 대비해 닻을 올리는 걸 거부한다면, 최악의 상황이 닥쳤을 때(이건 시간문제일 뿐 반드시 그런 상황이 생긴다) 완전히 파괴될 것이다.

내가 겪은 최악의 상황에 대한 첫 번째 조짐은 2017년 12월에 소닉 지분 17퍼센트를 소유한 대주주가 공격적이지는 않지만 끈질긴 방법으로 우리 회사를 흔들기 시작한 것이었다. 그들은 금리가 얼마나 내려갔는지 확인하고, 사모펀드 회사들이 얼마나 적극적으로 가격을 책정하고 있는지 알아봐야 한다고 주장했다. 그들이 한 말을 그대로 옮기자면, "지금이 소닉을 팔아서 다들 한몫 잡을 수 있는 좋은 기회"라는 것이었다. 나는 소닉을 사모펀드에 매각할 생각이 있는 건 아니었지만, 상장사의 임원이기 때문에 항상 모든 주주에게 최선의 이익이 돌아가도록 고려할 의무가 있었다. 게다가 엄밀히 말하면 그들 생각이 옳았다. 기업이 높은 가치 평가를 받아서 회사 현금 흐름의 7~8배 정도 가격에 팔리는 건 상당히 일반적인 일이다. 때로는 현금 흐름의 10배나 11배, 12배에 이를 수도 있다. 결국 우리가 제시받은 액수는 현금 흐름의 15배 반이었으니, 이 주주들의 판단이 옳았던 것이다. 실적이 탄탄한 회사는 수요가 많은데 소닉도 그중 하나였다. 아까 말한 그 주주는 금리가 낮아 구매자가 거의 무이자로 돈을 빌릴 수 있기 때문에 기록적인 가격으로 소닉을 팔 수 있다면서, 반드시 이 방향으로 나아가야 한다고 계속 주장했다. 그러면서 또 너무 오래 지체하면 시장 상황이 바뀌어 기회가 사라질 수 있다고 걱정하면서 일을 빨리 진행하기를 바랐다.

그들이 하는 말이 이해가 되긴 했지만, 나는 회사 내부 정보를 알고 있으니 상황이 조금 다르게 보였다. 그들이 무슨 생각을 하는지는 알지만, 나는 우리가 현재 진행 중인 사업, 곧 회사 수익에 큰 도움이 될 사업에 대해서도 알고 있었다. 그들을 속이려던 건 아니지만, 회사가 몇 달 안에 더 좋은 성과를 낼 테고 그게 매출 성장, 매장 실적, 주식 평가에도 큰 영향을 미칠 것이라고 생각했다.

이 주주는 대외적으로는 매우 친절했고 회사에 대해서도 옳은 말만 했다. 하는 말마다 다 긍정적이고 지지적이었다. 하지만 사적인 자리에서는 다소 집요해지고 있었다. 나는 당시 주가(주당 약 28달러 정도)가 기대에 못 미친다고 느꼈다. 그래서 주주들의 우려를 가라앉히고 회사 매각을 늦추면서, 사업 계획 일부를 빨리 진행해야겠다고 생각했다.

리더 역할을 할 때는 하나의 직책만 맡을 수 없을 때도 있다. 때로는 춤을 출 때처럼 상대를 리드하거나 따라가기도 하고, 말하고 추측하고, 기다리다가 밀고 나가기도 해야 한다. 이때도 그랬다. 우리 대주주의 바람에도 응해야 했지만, 우리의 새로운 사업이 어디로 이어질지도 보고 싶었다.

그 주주는 최악의 상황이 시작된 첫 번째 부분이라고 할 수 있다. 자, 이제 두 번째 단계로 넘어가보자. 우리 쪽에 매각에 적극적인 주주가 있다는 걸 알게 된 사모펀드 그룹이 소닉을 매입하고 싶다고 얘기하기 시작했다. 이 회사에서 30년간 근무한 내부자인 나는 모든 일이 때맞춰 진행되어 이들이 모두 내 앞에서 사라져주기를 바랐다. 주가가 올라서 '적극적인' 주주는 자기가 보유한 주식을 좋은 값에 다 팔고, 구매자는 오른 주가에 겁을 먹고 이 매수 제안에 돈이 너무 많이 들겠다고 생각하게 되길 바란 것이다.

그러다가 이 최악의 상황의 세 번째 단계가 시작되었다. 새 사업에 추진력이 붙으면서 2018년 6월에 다음과 같은 소식을 한꺼번에 발표했다. (1) 5월말까지 넉 달 동안 매출이 대폭 증가했고, (2) 다년간 진행될 기술 기반의 판매 촉진 계획의 초기 단계가 성공해 이를 시스템 전체에 적용할 예정이며, (3) 앞으로 3년 동안 5억 달러어치의 자사주를 매입할 계획이라고 발표했는데, 이는 우리 회사 역사상 최대 규모다.

이 발표 이후 5월까지 20달러대였던 우리 회사 주식이 주당 35달러를 기록하게 되었고, 나는 이제 최악의 위기 상황은 해소되었다고 가정했다. 심지어 '내가격 옵션'을 모두 행사하기까지 했다. 그 뒤에 무슨 일이 생길지 미리 알았더라면 절대 하지 않을 행동이었고, 결국 이로 인해 많은 손해를 봤다.

여름이 지나는 동안, 적극적이었던 주주는 기대했던 대로 조용해졌지만 우리 회사를 사는 데 관심을 보인 사모펀드 그룹은 그렇지 않았다. 8월이 되자 그들은 회사를 사기 위해 주당 40달러 이상을 지불하겠다고 말했고 9월에는 실제로 주당 43달러 50센트를 지불했다. 이제 그들을 무시할 수가 없었다. 우리 이사회는 솔직히 선택의 여지가 별로 없었다. 그 제안은 우리 회사 주식이 기록한 사상 최고가를 훨씬 웃도는 가격이었고, 우리는 주주들의 이익을 위해서는 이를 받아들여야 한다고 확신했다.

재미있는 건, 이런 최악의 상황이 내 통제나 계획 능력 밖에서 벌어졌다는 것이다. 나는 회사 매각 과정을 조율하거나 시작하지 않았다. 그냥 계속해서 회사에 가치를 더하기 위해 열심히 일했을 뿐이다. 여러분도 계속 열심히 일하면서 우리가 이야기한 여러 가지 원칙을 꾸준히 실천하면, 상상하지 못한 놀라운 일들이 일어날 수 있다. 여러분은 그냥 자기가 만들지 않은 기회도 받아들일 수 있도록 마음을 열고 있기만 하면 된다.

나는 2018년 11월에 직원들 앞에 서서, 만약 매각이 계획대로 진행된다면(그럴 가능성이 높아 보였지만) 이제 소닉을 떠나 다음에 다가올 기회를 탐색하면서 다음 번 모험에 응해야 할 때라고 말했다.

결정에서 손을 떼라

◇◇◇◇◇

우리는 변화라는 개념을 좋아하지만, 막상 진짜 변화가 눈앞에 닥치면 불안감으로 가득 차는 이들이 많다. 우리는 변화에 필요한 게 뭔지 알고 있다. 바로 노력이다. 외교관이자 세 차례나 대통령 후보로 나섰던 애들레이 스티븐슨Adlai Stevenson은 "변화는 필연적이며, 더 나은 쪽으로의 변화는 우리가 평생 추구해야 하는 일"이라고 말했다. 그건 사실이다. 우리는 어떤 식으로든 변한다. 현재 상황을 받아들이고 그걸 제자리에 고정시키려고 애써도 변화가 바로 찾아올 것이다. 벤저민 프랭클린은 여기서 한 걸음 더 나아가 이렇게 말했다. "더 이상 변화하지 않는 사람은 끝난 것이다."
우리가 정말 해야 할 일은 변화가 오고 있다는 걸 받아들이고, 지
금 겪는 변화가 우리를 더 나은 곳으로 이끌어줄 수 있도록 열심
히 노력하는 것이다.

나는 뭔가를 낳고 키우고 자라는 모습을 지켜보는 주인이나 창
작자를 항상 특정한 용어로 부르고, 창작물을 그들의 '자식'이라
고 칭한다. 일론 머스크Elon Musk를 예로 들어보자. 테슬라Tesla는 그
의 자식이다. 스페이스엑스SpaceX도 마찬가지다. 육아에 대해 알고
있는 사실을 이 비유에 대입해보면, 아이는 점점 자라고 나이가
들면서 유아에서 어린이가 되었다가 청소년으로, 그리고 결국 어
른이 된다. 그리고 부모는 아이가 혼자 세상에 나가도록 해야 할
때가 온다. 여러분은 아이와 관련된 결정에서 손을 떼야 한다. 다
큰 아이는 이제 스스로 결정할 수 있는 자유가 있다.

아직도 많은 기업가와 사업주, 그리고 부모는 자신들의 아이가
새로운 성숙 단계로 접어들도록 내버려두는 데 어려움을 겪고 있
다. 그들은 이를 계속 자기 영향권 내에 두고 통제하고 싶어 한
다. 자신들의 안전한 통제 범위에서 벗어나거나 개별적인 정체
성을 발전시키는 걸 원하지 않는다. 물론 이해는 된다. 회사를 설
립해서 키우려면 엄청난 노력이 필요하기 때문에 그런 감정적
투자에서 벗어나기가 언제나 어렵다. 하지만 보통은 물러날 필
요가 있다.

톰 새비지Tom Savage라는 영국 사업가가 있다. 그는 기술 기반의

스타트업부터 에티오피아 여행사, 민간 해양 보존 사업에 이르기까지 다양한 일을 하는 회사를 몇 개 설립해서 운영했다. 그는 20년 가까이 일을 하면서 투자자들을 통해 수백만 달러의 자금을 확보하고, 수백 명의 직원을 고용했으며, 고든 브라운Gordon Brown 영국 총리에게 비영리 부문에 대한 조언을 해주고, 사회적 기업가 상을 수상하고, 5개 나라에 흩어져 있는 여러 회사들의 운영 상황을 매일 감독했다. 그러다가 어느 날 갑자기 그런 일들을 다 그만뒀다. 자기가 CEO가 아니라 창업자라는 사실을 문득 깨달았기 때문이다.

그는 남이 강제하거나 화가 나서가 아니라 자기가 그 일에 적합하지 않다는 사실을 깨달았기 때문에 자식 같은 회사에서 손을 뗐다. 자기가 낳은 걸 지배하고 싶은 욕망보다 그것이 제대로 번성하는 모습을 보고 싶은 욕구가 더 강했던 것이다. 그는 문제를 발견하고 이를 해결하는 회사를 만드는 데 전력을 쏟는 것이 자신의 장기라는 걸 깨달았다. 이런 회사들을 지휘하면서 고객이나 직원, 규제 기관, 투자자, 기타 모든 이들의 기대에 얽매이는 게 아니라는 말이다. 이 얼마나 신선한 생각인가! 두려움이나 의무감 때문에 필사적으로 버티는 경향이 있는 이 세상에서 그런 객관성을 발휘하는 사람은 극소수에 불과하다.

여러분은 어떤가?

나는 소닉 설립자는 아니지만 회사 초창기부터 거기에서 일했다. 내가 소닉에서 떠난다는 사실을 발표한 보도 자료에서 설립자의 딸이 말하길, 이 회사의 아이디어를 실현시킨 남자가 2명 있었으니 그녀의 아버지 트로이 스미스는 회사를 설립하고, 나는 그 회사를 이어받아 전국으로 확장시켰다고 말했다. 그녀의 관대한 발언은 사실이다. 나는 이 회사가 성장하고, 성장하고, 또 성장하는 모습을 지켜봤다. 그래서 회사 매각이 마무리될 무렵이 되자, 한때 내 자식처럼 여겼던 이 회사가 이제 내 손에서 벗어나 성숙해지도록 놓아줘야 할 때라는 생각이 들었다.

그때 나는 엄청난 변화의 한가운데에 있었다. 35년 동안 일했던 소닉이 변하고 있었고, 내 길은 소닉의 길과 멀어지고 있었다. 물론 쉽지 않은 일이었다. 그 과정이 쉬웠다고 말하려는 게 절대 아니다. 오랜 친구, 내가 만든 브랜드, 가족처럼 아끼던 프랜차이즈 가맹점, 우리 팀이 오랫동안 개발한 판매 모델 등에 작별을 고하는 건 정말 힘들었고 내 안의 일부는 이에 저항했다. 나의 어떤 부분은 이 상태가 계속 유지되기를 바랐을 것이다. 소닉에서 항상하던 일을 하면서, 더없이 익숙한 길을 걷는 편안함을 느끼면서, 인생 후반의 시간 동안 익숙해지고 싶었을 것이다.

하지만 그게 옳은 일이 아니라는 걸 안다. 가끔은 '예스'라고 말하는 게 자기가 사랑하는 것에서 벗어나는 걸 의미하기도 한다. 하지만 특별히 잘하는 것 없이 살아온 내 이력으로 볼 때, 그리 놀라운 일은 아니다.

요전 날 밤에 아내와 함께 저녁을 먹으러 나갔는데, 아는 사람이 몇 명 우리 자리로 찾아와 감사 인사를 했다. 아마 소닉 주식을 팔아서 돈을 좀 번 모양이라고 짐작했다. 나는 그들이 주주인 줄도 전혀 몰랐다. 그냥 이웃사람이라고만 생각했다. 이게 특별한 재주 가 없는 보통 사람으로 살면서 얻을 수 있는 보상 중 하나다.

변신의 귀재, 프로테우스형 리더

⬦⬦⬦⬦⬦

나는 변화를 수용하는 리더를 존경하고, 변화를 통해 팀을 이끄 는 리더는 더더욱 존경한다. 많은 사람이 성공적으로 변화를 이룰 수 있다면 그건 관계와 협력, 동지애를 향상시키는 일종의 험난한 테스트다. 즉, 변화는 세상에서 가장 효과적인 팀 구축 방법 가운 데 하나다.

애들레이 E. 스티븐슨 2세는 엄청난 변화를 겪은 역사적인 인물 이다. 그는 내가 앞서 인용한 "변화는 필연적이며, 더 나은 쪽으로 의 변화는 우리가 평생 추구해야 하는 일"이라는 말을 한 사람이 다. 패튼 장군이 경력을 쌓는 과정에서 변화를 받아들일 필요 없 이 평생 군인으로 살다 간 사람의 전형이라면, 애들레이 스티븐슨 은 그와 정반대되는 인물이라고 할 수 있다.

스티븐슨은 대대로 영향력 있는 집안 출신이다. 그의 외증조부 인 제시 펠Jesse Fell은 19세기에 공화당 지도자로, 에이브러햄 링 컨Abraham Lincoln의 엄청난 지지자였다. 그의 친할아버지인 애들레이 E. 스티븐슨은 부통령을 한 번 역임했고(그로버 클리블랜드Grover Cleveland 대통령 시절에), 윌리엄 제닝스 브라이언William Jennings Bryan 의 러닝메이트로 지명되어 두 번째로 부통령 후보가 되었다. 그는 또 일리노이 주지사 선거에도 출마했지만 낙선했다.

이런 연줄을 지닌 그는 프린스턴대학교를 졸업하고 하버드 로스쿨을 중퇴했다. 결국 노스웨스턴대학 법대에서 법학 학위를 취득하고 시카고에 있는 회사에 입사했다. 그리고 1930년대에 들어서면서부터 35년간의 급속한 경력 변화가 시작되는데, 이런 상황은 그가 1965년에 사망할 때까지 계속되었다.

그는 30대 초반에 공직에 입문했고, 이것이 그의 남은 인생을 관통하는 유일한 공통점이 되었다. 그는 시카고 외교협의회에서 일을 시작해, 1933년에는 그 조직의 대표가 되었다. 1934년에 금주법이 폐지되자 스티븐슨은 연방주류관리국FACA의 수석 변호사가 되었다. 30년대 말에는 미국이 제2차 세계대전에 개입해 원조만이라도 제공하도록 로비를 벌이던 '동맹국을 지원해 미국을 수호하는 위원회'의 주요 대변인으로 활약했다. 1940년에는 해군으로 자리를 옮겨, 해군장관의 연설문을 작성하고 여러 위원회에서 그를 대리했다. 제2차 세계대전이 끝나자 국무부에서 일하면서 유엔 설립과 실행을 도왔다. 그리고 스티븐슨은 40년대 말에 일리노이 주지사 선거에 출마했다(그리고 당선되었다).

해리 S. 트루먼 대통령은 1952년에 3선에 도전하지 않기로 결심하고, 스티븐슨에 대한 지지를 표명했다. 스티븐슨은 대선 출마에 관심이 없었지만 1952년에 시카고에서 열린 민주당 전당대회에서 기조연설을 했다. 그리고 민주당은 후보를 선출할 때가 되자 스티븐슨이 주저하는데도 불구하고 그를 후보로 지명했다. 그는 결국 엄청나게 유명한 전쟁 영웅인 드와이트 D. 아이젠하워에 맞서 싸우다가 패배했다. 스티븐슨은 1956년에 다시 대통령 선거에 출마했지만, 당시의 정치적, 경제적 분위기는 아이젠하워에게 계속 대통령 직을 맡기는 쪽을 택했다.

1960년에 케네디가 대통령에 당선되었을 때 스티븐슨은 유엔 주재 미국 대사직을 맡을 기회가 생겼지만, 국무장관 자리에 눈독을 들이고 있었기 때문에 처음에는 이 자리를 거절했다. 하지만 딘 러스크Dean Rusk가 새로운 국무장관으로 임명되자 스티븐슨은 결국 유엔 대사직을 수락했다. 스티븐슨은 유엔에서 안보리 의장을 지냈고, 군축 협정을 추진했으며, 새로 생긴 아프리카 국가들과 미국의 관계를 개선하기 위해 많은 노력을 기울였다.

그는 유엔 대사직을 계속 수행하던 중에 1965년 런던에서 사망했는데, 사망하기 불과 며칠 전에는 제네바에서 열린 유엔 경제사회이사회에서 연설도 했다.

정말 대단한 인생이다. 세상에 변화를 받아들이는 방법을 제대로 아는 사람이 있다면 스티븐슨이 바로 그런 사람이다. 그는 변호사로 시작해 국가 기관 의장, 대변인, 세계대전 중에는 해군, 대통령 후보, 유엔 대사 등을 역임했다.[30] 그는 단순히 직업이 자주 바뀌었을 뿐만 아니라, 역사상 가장 격동적인 시대의 한복판을 거치면서 두 차례의 세계대전, 대공황, 피그스만Bay of Pigs 침공으로 인한 핵전쟁 위기, 내 유년기를 정의한 60년대의 격변 속에서도 살아남았다. 이렇게 불확실한 시기를 살아가다 보면 변화를 받아들이는 게 쉬워지는 걸까 하는 궁금증이 든다.

'변화'의 어원 중 하나는 그리스어에서 유래했다. 그리스 신화에 나오는 프로테우스Proteus는 바다의 신인데 그의 이름은 변화를 뜻한다. 포로로 잡히는 걸 피하기 위해 필요에 따라 모습을 바꿀 수 있었기 때문이다. 그는 미래를 예견할 수도 있었지만 그렇게 하지 않으려고 모습을 바꾸었고, 자기를 잡을 수 있는 사람에게만 대답을 해줬다. 프로테우스의 이야기에서 '프로테안protean'이라는 단어가 나왔는데, 이 말은 일반적으로 '다재다능한', '유연성, 다재다능함, 적응성 등 긍정적인 의미에서 다양한 형태를 취할 수 있는 능력'을 뜻한다. 다시 말해, 변화는 곧 용기다. 프로테우스와 스티븐슨의 경우처럼, 변화는 여러분이 어딘가에 갇히는 걸 막아줄 수 있다.

유연한 리더의 3요소

◇◇◇◇◇

사람들이 변화하도록 이끌고, 변화를 '평생 추구해야 하는 일'로 받아들이는 모습을 보여주는 게 여러분의 가장 중요한 책임 중 하나다. 여러분이 어떤 식으로든 변화를 거부하거나 저항하면 팀원들도 그걸 보고 배우게 되고, 곧 변화에 대한 혐오가 표준이 되어 주변 사람들도 모두 그런 식으로 행동하게 된다. 하지만 여러분이 본보기가 되어 변화하는 환경에서 성공하는 방법을 보여준다면, 유연한 리더가 되기 위한 길을 착실히 걸어갈 수 있을 뿐 아니라 여러분이 이끄는 팀원들 모두 내가 이 책에서 얘기한 개념을 실행할 준비가 되어 있을 것이다.

그렇다면 그 일을 어떻게 해낼 수 있을까? 변화에 대한 이런 반문화적인 사랑의 본보기가 되려면 어떻게 해야 할까? 내 생각에, 첫 번째는 신뢰다.

실적이 우수한 기업의 핵심은 자신의 리더와 경영자가 매우 신뢰할 만하다고 여기는 직원이라고 생각한다. 조직이 직원을 신뢰하지 않거나 개인의 동기나 능력, 충성도에 회의적인 시선을 보낸다면, 변화를 추구해봤자 팀이 분열되기만 할 것이다. 하지만 사람들이 서로를 완전히 신뢰하는 환경을 구축하기 위해 노력했다면, 변화의 시간을 통해 팀이 더 가까워질 것이다. 모두가 힘을 합칠 수 있는 도전 기회가 생기기 때문이다. 그리고 변화를 통해 조직이 성공을 거두면, 그때부터는 계속해서 성공이 거듭되는 상승 곡선이 생길 것이다. 신뢰는 매우 중요한 요소다.

변화를 성공적으로 이끄는 또 하나의 핵심 요소는 사명에 대한 믿음이다. 팀원들이 변화는 원하는 목표를 이루는 데 도움이 된다고 믿지 않는다면, 변화를 받아들이려는 의욕이 생기지 않을 것이다. 하지만 앞으로 나아가는 데 변화가 꼭 필요하다고 여긴다면, 그 사명이 변화를 통해 팀원들에게 힘을 실어줄 것이다. 그러면 여기서 다시 앞에서 설명한 프로세스로 돌아갈 수 있다. 원하는 결과는 무엇인가? 그 길을 가기 위해 활용하려는 프로세스는 무엇인가? 누가 참여하고 있는가? 조직의 중요한 변화가 시작될 때 이 3가지 질문에 답할 수 있으면 사명에 대한 사람들의 믿음이 커져서 변화를 성공적으로 헤쳐 나갈 수 있는 좋은 기회를 얻게 된다.

두려움을 관리하고 활력을 유지하는 것도 중요한 변화를 이룰 때 매우 중요하다. 여러분도 그게 어떤 건지 알지 않는가. 규모가 큰 사업을 진행하는데 3개월, 6개월, 1년이 지나면 다들 지치고, 계속 똑같은 프로젝트에 매달리는 데 싫증도 나고, 이 모든 노력이 헛수고가 될까 봐 걱정도 된다. 이는 변화가 쉽지 않은 주요 이유 중 하나이기도 하다. 사람들이 처음부터 흥미진진한 일에 저항하는 게 아니라, 처음에는 흥미로웠던 일이 지겨워지는 것이다. 공포와 피로가 몰려온다. 하지만 이런 걸 관리할 수 있는 방법이 있다. 사소한 승리도 전부 축하하면서, 사람들이 어떻게 발전하고 목표는 어떻게 달성되고 있는지 이야기를 해야 한다.

성공적으로 변화를 이루고 싶은 이들에게 마지막으로 해줄 말은?

단련하고, 단련하고, 또 단련하라는 것이다.

중요한 변화나 전환을 겪을 때는 모든 사람이 보상을 주시하도록 해야 한다. 매일 꾸준히 앞으로 나아가기 위해 필요한 일을 해야 한다. 새로운 것이 가장 중요한 일이 되도록 우선순위를 조정해야 한다. 이것이 여러분의 팀과 여러분이 중요한 변화를 받아들이도록 도와주는 놀라운 방법들이다.

여러분은 살아 있고 계속 진화하고 있다. 이 말이 믿어지는가? 그게 의미하는 바를 완전히 이해할 수 있는가?

나는 지금 내 인생의 다음 장에 대한 계획을 세우고 있는데, 솔직히 말해서 가장 체계적이지 못한 시기가 될 확률이 높다. 그러나 내 의도는 모든 걸 체계화되지 않은 상태로 둬서 어떤 길이든 마음대로 추구할 수 있게 하는 것이다. 내게 이걸 해보면 어떻겠느냐? 저건 어떠냐? 등 다양한 제안을 하는 이들도 있다.

나는 하고 싶은 일은 뭐든지 할 수 있는 위치에 있고 싶다. 다양한 선택을 열린 마음으로 받아들이고, 그중 어느 것에도 구속되지 않는 위치를 원한다. 확실한 정의를 내리지 않으면 불안해하는 이들도 많겠지만, 이렇게 해야 길이 자유로워지고 다양성 덕분에 생활에 활력이 생긴다.

더 많은 선택지를 끌어안는다

옛 격언에 변화는 남들이 먼저 해야 좋은 것이라는 말이 있다. 이는 인생의 모든 중요한 변화는 우리와 애증 관계임을 의미한다. 변화가 필요하다는 건 알지만, 변화에 저항하는 내면의 나침반을 꽉 붙잡고 때로는 고려하는 것조차 거부한다. 변화를 항상 인생의 옵션으로 고려하는 법을 배운다면 어떨까? 작정하고 시작한 일을 잘하고 있을 때에도 여전히 변화를 고려한다면? 내가 제정신이 아닌 것처럼 들리는가? 모든 일이 잘 굴러가고 있는데 누가 굳이 변화를 고려하겠느냐고? 좋은 상황이 더 좋은 상황의 가장 큰 적이라는 사실을 아는 사람들이 그런다.

모든 사람이 편안함이나 습관 때문에 계속 자기 자리에만 머무른다고 상상해보자. 에이브러햄 링컨은 미국 남북전쟁 기간에 나라를 이끌고 노예제도를 폐지하고 연방정부를 강화하고 미국 경제를 현대화하는 대신, 일리노이주 스프링필드에서 변호사로 평생을 보냈을 것이다. 헨리 포드는 산업계 대표, 거물 사업가, 포드 자동차 회사 설립자가 아니라 제재소를 운영하는 농부로 살았을 것이다. 마이클 조던은 농구 선수로는 명성을 얻었겠지만 나이키 신발 디자이너, 게토레이와 위티스Wheaties 광고 모델, 올림픽 금메달리스트, 프로 야구 선수, 영화배우, NBA 팀과 MLB 팀 소유주로는 알려지지 않았을 것이다. 일론 머스크는 지금도 페이팔PayPal에 있을 테고 스페이스엑스나 테슬라, 솔라시티는 존재하지 않을 것이다. 레이첼 레이Rachael Ray도 뉴욕주 북부의 CBS TV 계열사에서 〈30분 요리30 Minute Meals〉 진행자로나 일했지, 20권이 넘는 요리책을 펴내거나 에미상을 수상한 주간 토크쇼를 진행하거나 잡지, 애완동물 사료, 인테리어 디자인 컬렉션 등 다양한 사업을 하는 비즈니스 제국의 대표가 되지는 못했을 것이다.

만약 그들이 자기 앞에 놓인 새로운 기회를 받아들이지 않았다면 어떤 일이 벌어졌을까? 미지의 것에 대한 두려움이 가능성에 대한 믿음보다 컸다면? 그들이 지금 있는 곳에 계속 머물면서 적당히 좋은 수준에 만족하고 위대한 수준으로 올라서려 하지 않았다면, 그들의 삶은(그리고 때로는 우리 삶도) 어떻게 달라졌을까? 이제 형세를 바꿔서, 여러분이 자기 세상에 큰 영향을 미칠 수 있는 뭔가를 받아들이지 않은 적이 있다면 그건 무엇인가? 인생의 다음 단계에서 여러분을 기다리는 선택과 기회 가운데, 먼저 담대하고 맹목적인 믿음을 안고 전진해야만 얻을 수 있는 건 무엇인가?

인생

지금 당장 자기 삶을 바꿀 수 있다면 어떤 부분을 바꾸겠는가? 스케줄, 다이어트, 경력? 왜 망설이고 있는가? 기본적으로 시간, 돈, 에너지, 실행 계획 같은 온갖 명분과 핑계 아래에는 변화에 대한 두려움과 불확실성, 실패에 대한 두려움이 깔려 있을 가능성이 매우 높다. 여러분에게도 익숙한 변명인가?

두려움은 여러 가지 면에서 좋은 것이다. 이건 우리의 진실성이나 존재에 대한 위협으로부터 보호해주는 근본적이고 깊이 각인된 반응이다. 뇌에서 시작된 이 반응은 온몸으로 퍼져 최상의 방어 또는 도피 반응을 조정한다. 우리 몸의 이런 변화는 위험에 더효율적으로 대비할 수 있게 해준다. 뇌는 초경계 상태가 되고, 동공이 확장되고, 호흡이 빨라진다. 그리고 한 가지 일에만 온 정신을 집중하는 생존 모드에 돌입하는데, 이 때문에 다른 것들은 눈에 띄지 않는다. 예를 들어, 교통사고가 나려고 하는 순간에는 자신을 향해 돌진하는 차와 브레이크 페달을 밟는 발, 그리고 핸들을 급격하게 돌리는 일에만 집중한다. 오른쪽에 있는 주유소나 왼쪽에 있는 쇼핑몰은 보이지 않는다. 고려할 필요가 없는 것들은 전부 의식에서 제거하는 것이다.

하지만 생사가 오가는 상황에서만 두려움을 느끼는 게 아니라는 건 다들 잘 알고 있다. 두려움은 그런 과도한 반응을 보일 필요가 없는 상황에서도 나타난다. 생존이 위태롭지 않은데도 두려움이 우리를 장악하게 놔둔다면 도움이 되기는커녕 방해만 하는 결과가 생길 수도 있다. 두려움 때문에 외면하고 있는 문제는 무엇인가? 본인 스스로 미래의 기회를 가로막고 있는가? 지금 이용 가능한 선택안 가운데 변화를 원하지 않거나 아직 준비가 안 됐다는 생각 때문에 거부하고 있는 건 무엇인가? 두려움을 버리면 이룰 수 있는 일들을 모두 생각해보자.

일

업무 환경에서는 더 많은 옵션에 마음을 연다는 게 현재 하는 일 이외의 다른 일을 고려한다는 뜻도 될 수 있으므로, 자기 일에 충실하지 않은 사람이 된 듯한 기분이 들 수도 있다. 반면, 현재의 근무 환경 내에 존재하는 모든 옵션을 고려하는 건 지략을 발휘하는 데 필수적인 일인 듯한 느낌이다. 사실은 이 2가지가 다 필요할 수 있다. 내가 누군가에게 자기 일에 충실하지 말라고 독려하는 일은 절대 없겠지만, 소닉 직원이 회사 밖에서 자신에게 더 나은 길을 찾을 때면 항상 그들을 이해했다. 자기가 일하는 회사를 개선시키기 위한 옵션만 찾아야 한다는 규정 같은 건 없다.

대부분의 기업 환경에는, 기업은 직원의 역량을 키우기 위해 돈과 자원을 투입했으니 그 대가로 직원들이 장기근속하면서 회사에 헌신하기를 기대하는 무언의 정서가 존재한다. 하지만 무엇을 위해서인가? 여러분이 현재 역할에 만족하지 못하거나, 과소평가받거나, 필요 이상의 자격을 갖추고 있다면? 이 때문에 위와 같은 기업 정서가 구닥다리가 되는 것이다. 직원들에게는 항상 다른 직장을 구하거나 다른 회사에 갈 수 있는 선택권이 있어야 한다. 본인에게 적합하다고 생각하는 방식으로 경력을 발전시킬 수 있어야 한다.

이를 고용주의 관점에서 생각해보자. 프로 축구팀이 여러분에게 수천만 달러를 주고 4년 계약을 체결한다고 가정하자. 하지만 그런 계약은 극히 일부만 보장되며, 그들은 언제든지 여러분을 트레이드할 수 있다. 여러분이 그런 세부사항을 살펴보지도 않고 계약서에 서명하는 건, 그게 개인적인 문제가 아니라 사업이라는 걸 알기 때문이다. 그들은 가능한 최고의 팀을 구성하려고 하는데, 장기적으로 거기에 여러분이 포함될 수도 있고 아닐 수도 있다. 왜 이중 잣대를 받아들여야 하는가? 왜 그들은 마음을 바꾸거나 다른 쪽으로 가도 되고, 여러분은 안 되는가?

일을 그만두라고 말하는 게 아니다. 무의식적으로든 아니든 회사에 계속 머물러야 한다는 고용주의 압박 때문에 더 좋은 기회에 마음을 여는 걸 방해받을 수도 있다는 얘기다. 여러분은 자기 배의 선장이므로 만약 잘못된 방향으로 가고 있다고 생각되면 얼마든지 바로잡을 권리가 있다.

리더십

최근에 방해를 완전히 다른 방식으로 받아들인 적이 있는가? 최고의 리더는 방해물을 골칫거리로 여기지 않고, 새로운 기회와 연결되어 그걸 긍정하고 재고할 기회로 삼는다. 캠벨 수프Campbell's Soup의 전 CEO인 더글러스 코넌트Douglas Conant는 35년간 리더로 일하면서, "수천 가지의 사소한 방햇거리는 일을 못하게 가로막는 장애물이 아니라, 그것 자체가 일"이라는 걸 깨달았다고 말한다. 그런 기회가 생길 때마다 다른 사람의 하루에 의미를 불어넣을 수 있다는 것이다. 그는 이걸 "접점"이라고 부르며, 모든 상호작용은 누군가의 하루에 있어 최고의 순간 혹은 최악의 순간이 될 가능성이 있다고 설명한다. 방해를 받을 때마다 사람들을 효과적으로 이끌고, 기대치를 정하고, 문제를 명확히 설명하고, 문제에 에너지와 통찰력을 주입할 기회가 생긴다.

리더인 우리는 더 많은 선택권을 선호해야 한다. 여러분 앞에 별로 좋지 않거나 미심쩍은 행동 방침만 있고 다른 대안은 없으면 진짜 문제가 발생한다. 방해물을 완전히 다른 방식으로 받아들이는 것은 여러분이 이끄는 사람들뿐만 아니라 리더인 여러분에게도 더 많은 선택지를 남겨주는 확실한 방법이다. 시장 전략에 방해가 되는 것이 초기 트렌드의 단서가 될 수도 있다. 영업 전략에 방해가 생기면 고객의 미묘한 요구 사항을 보다 잘 파악할 수 있다. 완벽하게 일정을 짜둔 하루가 방해를 받으면 자신의 우선순위에 대해 융통성 있고 열린 마음을 유지할 수 있다.

방해를 허용한다는 건 주의가 산만해지는 것과 반대다. 자신의 일이나 의무에 집중하지 않는다는 뜻이 아니다. 과제와 책임을 진지하게 받아들이지 않는 것도 아니다. 여러분이 하는 일을 다른 사람이 여러분에게 원하는 일보다 중요하게 여기지 않는다는 뜻이다. 여러분은 어떤지 잘 모르겠지만, 난 절대 자기 일에서 벗어나지 않는 사람으로 알려지기보다는 가끔 방해를 받아도 열린 태도로 받아들이는 사람으로 알려졌으면 좋겠다. 전자는 우리가 로봇에 기대하는 모습이고, 후자가 진짜 인간이다. 여러분은 어느 쪽이 좋은가?

무한한 기회를 누릴 수 있는
산만한 삶

아내와 내가 가장 좋아하는 식당의 자리에 앉을 때면, 아내는 내가 창을 바라보는 쪽에 앉지 못하게 한다. "당신이 날 쳐다봤으면 좋겠어"라는 게 아내의 주장이다. 39년이나 결혼 생활을 했으니 아내도 내가 자기를 가장 중요하게 여긴다는 건 잘 알지만, 내 머릿속에 항상 다양한 생각이 가득하다는 것도 안다. 그래서 내가 창밖을 응시하면서 오가는 이들을 바라보고 있으면, 아내는 마치 오클라호마시티의 보도를 걷는 수많은 이들과 우리의 데이트를 공유하는 듯한 기분이 든다고 한다.

그런 시각적인 자극을 받으면 그녀에게 더 주의를 기울일 수 있게 된다는 걸 아내는 이해하지 못한다(항상 설명하려고 애쓰긴 하지만). 지나가는 사람들에게 순간적으로 주의를 빼앗기고 나면, 아내와의 상호작용에 더 집중할 수 있게 된다.

내 삶의 모든 영역에서 하나 이상의 활동을 하며 얻는 자극은 가장 중요한 활동에 활력을 불어넣어준다. 나는 한 가지 일에만 집중할 수 없는 사람이다. 특히 23년간 CEO로 일하는 동안에는 하루에 30가지 프로젝트와 주제를 다루기도 했는데, 그런 식으로 일하는 게 정말 좋았다. 남들에게는 어떻게 보일지 모르지만, 하는 일이 그렇게 많다고 해서 그중 어떤 것도 대충 하지는 않았다. 물론 누군가는 그렇게 생각할 수도 있을 것이다. 결국 모든 게 중요하다면 중요한 건 아무것도 없다는 게 일반적인 생각이니 말이다. 그래도 내 주변에서 다른 일들이 벌어지고 있고, 또 항상 묘기라도 부리듯이 여러 가지 일을 동시에 처리하기 때문에 당면한 과제에 계속 집중할 수 있는 것이다. 여러분도 나와 비슷한 사람일 수 있는데, 그걸 아직 깨닫지 못한 것뿐이다.

주의를 산만하게 하는 것들이 많을 때 오히려 집중하기가 쉽다는 가정은 수십 년 동안 중요한 연구 과제이기도 했다. 1975년에 심리학자 미하이 칙센트미하이Mihály Csíkszentmihályi가 '몰입flow'(혹은 '특별한 영역에 들어간다'라고도 표현한다)이라는 심리학 개념을 발견하고 이름을 붙였다. 그의 설명에 따르면, 집중에 관여하는 뇌 신경망의 활동과 쾌락을 처리하는 보상 회로의 활동이 완벽하게 일치하면 이런 상태가 된다는 것이다. 서로 다른 신경망의 활동이 동시에 발생하면(예: 시간 맞춰 흔들리는 2개의 추처럼) 사고 과정이 좀 더 원활하게 실행된다. 그래서 몰입 상태에 빠지면 일이 수월하게 진행되는 듯한 기분이 든다.

그러나 칙센트미하이도 몰입 상태에 도달하는 게 쉽지 않다는 건 인정한다. 그는 『몰입의 기술Beyond Boredom and Anxiety』이라는 저서에서, "적어도 순간적이라도 방해하는 게 없으면 몰입을 계속 유지하기가 힘들다"고 했다(그가 이 말을 한 것은 스마트폰이 등장해 우리의 남은 주의력을 다 빼앗아가버리기 한참 전의 일이다).

이 순간적인 방해란 말이 인지신경과학자 두 명의 호기심을 자극했는데, 그들은 집중을 방해하는 게 정말 모든 이들의 예상처럼 일에 방해가 되는지 알고 싶었다. 그들은 뇌 영상을 이용해서 실험 대상자들이 특별한 생각을 하지 않을 때와 한 가지 일에 집중할 때 나타나는 두 개의 뇌 신경망 활동을 측정했다. 그리고 지루하고 반복적인 일을 해달라고 요청한 뒤, 이 두 개의 신경망이 시간의 흐름에 따라 어떤 변화를 보이는지 지켜봤다.[31]

흥미롭게도 그들은 집중력을 유지하는 가장 좋은 방법은 주의를 산만하게 하는 걸 전부 없애는 게 아니라 배경 소음이 작은 소리로 계속 들리는 상태라는 걸 알아냈다. 기본적으로 우리 마음을 긴 끈에 묶어두고 약간 방황하게 하다가 부드럽게 다시 제자리로 끌어다놓는 것이다. 다른 일 때문에 의식이 산만해져도 의사결정을 처리하는 뇌 영역은 여전히 활발하다. 그래서 아이작 뉴턴 경은 실험실에서 일하던 도중이 아니라 시골에서 휴식을 취하다가 만유인력의 법칙을 발견했고, 여러분도 샤워를 하거나 운전을 하거나 동료와 수다를 떨다가 불현듯 멋진 아이디어가 떠오르거나 뭔가를 깨닫게 되는 것이다.

컬럼비아 경영대학원의 한 팀에서 이 현상을 실험해보기로 했다. 인지적 고착이 발생하거나 처음 떠오른 아이디어에 너무 오래 집중한 나머지 새로운 아이디어 탐색이 방해를 받는다면, 집중력이 뛰어난 게 오히려 역효과를 낳을 수도 있는지 궁금했다. 만약 산만함이 매우 참신한 문제 해결책을 찾을 수 있는 기회를 늘려준다면 어떨까?

이 연구팀은 실험 참가자들을 모아, 특정한 공통 물체(이 경우, 벽돌과 이쑤시개)의 용도를 최대한 많이 생각해보라고 했다. 참가자 중 절반은 먼저 벽돌의 용도를 전부 나열한 다음에 이쑤시개로 주의를 돌려야 했고, 나머지 절반은 두 작업을 번갈아가며 진행하라는 지시를 받았다. 몰입 상태에서의 집중이 창의력의 핵심이라면 첫 번째 그룹이 더 잘해낼 거라고 예상했을 테지만, 실제로는 그렇지 않았다. 아이디어 개수부터 아이디어의 참신함에 이르기까지, 모든 면에서 멀티태스커 쪽의 성과가 더 좋았다. 책임 연구원은 "본인들은 일이 술술 풀린다고 느꼈을지도 모르지만, 꾸준한 작업 전환을 통해 머리를 쉬게 하지 않은 경우 실제 성과에 제약이 생겼다"고 설명했다.[32]

우리는 효과적으로 멀티태스킹을 할 수 있는 다면적인 존재다. 그리고 더 좋은 건 이게 우리 생산성의 열쇠가 될 수 있다는 것이다! 어떤 일에도 숙달되지 않은 채 많은 일을 할 때도 이와 똑같은 원리가 적용될 수 있다. 다양한 관심사와 폭넓은 지식과 경험은 집중력의 부담에서 벗어나게 해주고, 여러분이 스스로에게 필요하다는 사실조차 몰랐던 자유를 안겨줄 것이다.

때로는 숙달 부족이 고립된 결정의 형태로 나타나기도 한다. 때로는 실행되기까지 시간이 걸리는 사업도 있다. 그리고 어떨 때는 숙달 부족이 모든 기간에 걸쳐 확장되는 것처럼 느껴진다. 대침체기에도 꼭 그런 느낌이었다. 그때는 자기가 회사를 이끌고 이 힘든 시기를 헤쳐나갈 능력이 부족하다고 느낀 사업가들이 많았을 거라고 생각한다. 길이 전혀 명확하지 않았다. 미래는 거대한 미지의 세상이었다.

소닉은 이 시기를 활용해서 운영 방식을 개선하고 사업의 여러 부분에 필요한 질서를 재확립했다. 우리는 더욱 소비자 중심적인 회사가 되었고, 새로운 사업 계획을 연결시켜서 결국 매출이 증가했다. 그 기간 동안 햄버거 패티 크기를 늘리고 통일하는 작업, 소고기 핫도그 출시, '투 가이즈Two Guys' 광고로의 회귀, 미디어 광고 예산을 여러 개의 소규모 지역 예산에서 하나의 전국구 예산으로 재분배하는 등의 작업에 집중했다. 거대한 배를 뒤집을 만큼 중요한 결정은 없었지만, 여러 개인과 팀이 주도한 수많은 작은 결정이 모여서 사업이 다시 활기를 찾았다.

이 책을 통해 여러분이 명심했으면 하는 여러 가지 일들을 이야기했다. 자신의 다양한 관심사를 받아들이자. 전문가가 되기 위해 모든 시간을 투자해야 한다는 일반적인 압력에 굴복하지 말자. 어디에 있든 기꺼이 혁신을 추진하자. "예스"라고 말하자. 삶이 제공하는 다양한 경험을 다 겪어보자. 위기를 헤쳐나가기 위해 변화를 수용하자. 이 중 일부는 자연스럽게 이루어지기도 하겠지만, 위에 얘기한 일들 대부분은 적극적이고 의도적으로 실천해야 한다. 그리고 새로운 기회가 나타났을 때 간혹 멈칫거릴 수도 있다. 특별히 잘하는 것 없이도 잘 살아가려면 용기와 배짱이 필요하며 '남이 어떻게 생각하든 신경 안 쓰겠다'고 진지하게 각오해야 한다. 그러나 손끝에 무한한 기회가 놓여 있는 산만한 세상에 산다는 건 곧 끝없는 모험이 우리 것이라는 뜻이기도 하다.

사는 동안 더 성공하고 성취하기 위해 너무 경직된 채로 집중할 필요는 없다. 일과 삶이 끊임없이 번성하려면 예측불허의 서커스로 남겨둬야 한다. 개인적인 발견에서 가장 큰 교훈을 얻을 수 있으며, 다양성은 인생의 기회를 몇 곱절 늘려준다.

이 책에는 소닉과 관련된 이야기를 선별해서 수록했다. 그중에는 소닉이 이룬 발전의 중요한 단계도 포함되어 있지만, 주로 내가 공유하고자 하는 리더십 주제를 뒷받침하는 내용이 대부분이다. 또 다음과 같은 중요한 성장 시기에 대해서도 자세히 설명하지 않았다.

- 1980년대에 데니스 클라크가 회사 소유 점포들을 상황을 호전시켰고, 그와 동시에 번 스튜어트가 마케팅을 총괄했다. 이런 양면적인 전환이 브랜드와 회사를 살렸고, 덕분에 1991년에 기업공개IPO가 가능해졌다.
- 1993~1995년에 진행된 라이선스 재협상을 통해 프랜차이즈 가맹점들은 계약 기간과 점포 반경을 보호받게 되었고, 본사는 자금이 늘고 최신 프랜차이즈 권한이 강화되어 그 이후 모든 게 가능해졌다. 당시에는 협상 과정이 굉장히 힘들었지만 결과적으로 우리 사업의 방향이 바뀌었다.
- 패티 무어와 스콧 아일워드가 감독한 1990년대의 마케팅 프로그램은 우리 회사의 문화 및 역사와 관련해 놀라운 성과를 올렸다.

- 빌 프롬과 스콧 아일워드, 캔자스시티에 있는 바클리 앤드 에버그린은 15년 넘게 중요한 역할을 해줬다. 그들의 회사도 우리만큼 성장했고, 소닉의 성장에 그만큼 중요한 역할을 한 회사는 달리 없다.

- 스콧 아일워드가 주도적으로 개발한 '투 가이즈' 캠페인은 정말 멋지면서도 구성이 단순해서, 연중 어느 때든 모든 제품과 모든 방송 시간대에 활용 가능하다. 정말 굉장했다!

- 높은 수익을 안겨준 드류 리처의 협상 기술 덕분에 1996년부터 시스템 전반의 구매 프로그램을 원활하게 감독할 수 있었고, 그가 에디 사로크와 맺은 프랜차이즈 관계 파트너십을 통해 프랜차이즈 가맹점들과 계속해서 긴밀한 협력 관계를 구축해 회사가 큰 성과를 거두었다.

- 제임스 오라일리는 2012~2015년에 전국 미디어망, '투 가이즈' 캠페인의 귀환, 아이스크림 수요 폭증 등을 이용해 매출과 트래픽을 다시 늘렸다!

- 단일 사업자나 단일 시장에서 얻는 약간의 이익보다는 언제나 중앙에서 관리할 수 있는 브랜드의 이익을 지원하겠다는 프랜차이즈 경영진의 의지와 2012년에 마케팅 예산을 이용해 '전국으로 진출'하겠다는 결정 덕에 우리 사업의 방향이 바뀌었고, 소닉이 소비자들 눈에 전국 브랜드로 자리매김했다.

- 마지막으로, 직원과 임원, 프랜차이즈 가맹점주들의 지속적인 헌신이 있었다. 너무나 많은 이들이 오랜 세월 동안 열심

히 일했기 때문에 그들의 기여를 일일이 다 열거하기는 힘들다. 아무리 칭찬해도 모자랄 정도다.

그리고 공개적으로 감사 인사를 전하면서 특별히 언급해야 하는 이들이 몇 명 있다. 아이작 뉴턴 경은 "내가 남들보다 멀리 볼 수 있었다면, 그건 거인들의 어깨 위에 서 있었기 때문이다"라는 유명한 말을 남겼다. 내 경력과 관련해서도 이와 똑같은 말을 할 수 있다. 호기심 덕분에 지금까지 살면서 다양한 이들 앞에 설 수 있었는데, 그중에는 내가 자기 어깨에 올라설 수 있게 해준 거인들도 있었고, 감사하게도 우리가 리더로 성장해가는 오랜 세월 동안 나와 나란히 걸으면서 공통된 경험과 서로의 독특한 경험을 통해 배울 수 있게 해준 이들도 있었다.

레너드 '렌' 리버만은 1988년에 회사 소유권을 재조정할 때 우리 회사 이사회에 합류했다. 1986년에 회사를 인수한 경영진이 2년 뒤에 소유권을 재조정한 이유는 수익을 자본화해서 손을 뗄 채비를 하는 캐피털 파트너의 지분을 사들일 기회가 생겼기 때문이다. 렌은 뉴욕에 본사가 있으면서 우리 회사 지분의 51퍼센트를 보유한 새로운 파트너사의 대표로 이사회에 합류했다. 그는 러시아계 유대인 이민자의 아들로, 그의 가족은 예전에 뉴저지주 엘리자베스에서 아버지가 운영하던 편의점 위에 있는 아파트에서 살았다. 그의 아버지는 문맹이었고 어머니는 제2차 세계대전이 끝난 뒤 그가 열다섯 살 때 세상을 떠났지만, 렌은 예일대학교에서 역사학을 전공하고 나중에 컬럼비아 법대에서 법학 학위를 받았다. 렌은 그 후 몇 년간 개인적으로 법률 실무 일을 하다가, 패스마크라는 식품점 체인의 모회사인 슈퍼마켓 제너럴의 법률 고문이 되었다. 시간이 지나면서 그가 맡은 책임이 점점 늘어나다가 몇 년 동안은 CEO 자리에 있기도 했는데, 1986년에 적대적 인수합병 과정에서 회사가 백기사에 인수되었다. 당시 렌은 57세였다. 그 후 22년 동안 렌은 우리 회사 이사회에서 일하면서 내 멘토이자 친구가 되었다. 이 기간 동안 그는 대부분의 사업 문제에 있어 최고의 조언자였고, 나를 개인적으로 지도하면서 논의 내용을 비밀로 유지해주는 코치이기도 했다. 그는 80세가 되기 직전에 이사회를 떠났지만, 우리의 우정은 계속되어 2015년에 그가 사망할 때까지 매주 이야기를 나눴다. 그의 미망인은 그의 추도식에서 추도사를 할 수 있는 영광을 내게 줬다. 내가 렌을 처음 만난 건 법률 고문으로 일하던 서른네 살 때였고, 그는 내가 회장 겸 CEO로 일하던 60세에 내 인생에서 떠나갔다. 그에게 엄청난 신세를 졌고, 그는 내 삶의 질을 높이는 데도 큰 도움을 줬다.

로버트 '밥' 로젠버그는 1993년경에 이사회에 합류했고, 그 후 22년 동안 감사 위원회 의장과 보상 위원회 의장을 역임했다. 그는 던킨 도넛이라는 브랜드를 만들어서 30년 넘게 CEO로 일했다. 밥은 우리가 회사를 하나의 브랜드로 생각하는 데 더없이 중요한 역할을 했고, 훌륭한 브랜드 구축에 도움이 되는 규율을 강조했다. 그는 우리 회사에 핵심적이고 긍정적인 영향을 미쳤고 우리는 밥 덕분에 완전히 달라진 회사를 만들었다. 밥이 우리 회사에서 일하면서 브랜드에 대한 질문을 집요하게 던지던 1990년대 중반에, 우리는 캔자스시티의 광고 대행사인 바클리 앤드 에버그린을 이용하기 시작했다. 이 회사의 빌 프롬 회장도 브랜드와 브랜드 요소에 문제를 제기했고, 더 강력하고 수익성 높은 브랜드와 회사를 만들기 위해 소닉 2000 이니셔티브를 추진했다. 밥 로젠버그와 빌 프롬은 우리가 사업을 다른 시각으로 바라보도록 유도하기 위해 누구보다 애썼다. 이들이 소닉과 내 경력에 미친 영향은 무척이나 크고 긍정적이다. 그리고 이들도 나의 좋은 친구가 되었다.

프랭크 리처드슨은 우리가 1988년에 웨스레이 계열사와 손잡고 회사 자본 구성을 재편했을 당시 웨스레이 캐피털의 사장이었다. 나는 이 거래를 하면서 프랭크에게 많은 빚을 졌다. 내 개인적인 유동성이 좋아졌고 동시에 소닉 주식 보유량도 늘어난 것이다 (8배나!).

또 프랭크와 렌, 밥은 1995년 4월에 신임 투표를 통해 나를 CEO로 승진시켜준 이들이기도 하다. 그들에게는 정말 갚을 수 없을 정도로 많은 빚을 졌다. 이 일은 소닉에서의 내 길과 내 인생 전체를 바꿔놓았다!

소닉의 전임 CEO인 스티브 린에게도 많은 신세를 졌다. 그는 소닉 프랜차이즈 가맹점들이 서로 협력해야 하는 필요성과 기회를 모두 인식했다. 그걸 위해서는 보기 드문 영업 기술이 필요했는데 그가 바로 그런 기술을 갖고 있었다. 그리고 그는 내게 업무 경험과 경영진으로서의 리더십을 개발할 수 있는 폭넓은 기회를 제공했다. 그가 11년간 소닉에 재직하는 동안, 그의 리더십 스타일에 가장 큰 덕을 본 사람은 나였을지도 모른다.

바비 메리트는 빵 유통업체를 위해 소닉에 빵을 배달하는 일을 하면서 경력을 쌓기 시작했다. 그는 여기에서 본 모습이 마음에 들어, 빵 배달 일을 계속하면서 소닉 매장을 경영하는 법을 배웠다. 그리고 결국 소닉 매장 한 곳을 관리하게 되었는데 나중에 해고당했다. 하지만 그는 1970년대에 프랜차이즈 가맹점주가 되었고, 신규 점포를 짓거나 인수하면서 꾸준히 성장했다. 현재 그는 250~300개의 드라이브인 매장을 소유하고 있다. 그는 항상 1만 명 이상의 직원을 고용해야 하며 판매와 임대 수익이 3억 5000만 ~4억 달러 정도 된다. 바비는 15년 동안 프랜차이즈 자문 위원회 의장을 역임했다. 내가 30년 넘게 소닉에서 일하는 동안 바비만큼 긴밀하게 협력한 가맹점주는 거의 없다. 나는 그를 친구로 여기게 되었고, 그와 그의 아내 베티, 그리고 그의 자녀들과 서로 존경하고 존중하는 관계를 맺게 되었다. 바비와 나는 수십 년간 긴밀히 협력하는 과정에서 심한 갈등을 겪은 일이 별로 없다. 우리 사이에는 많은 상호 존중과 이해가 존재하기 때문이다.

버디 매클레인은 소닉 드라이브인 매니저 일을 하다가 해고된 후 단일 점포의 소유자 겸 운영자가 되었다. 소닉에 입사하기 전인 스무 살 때는 루이지애나주 시골에 있는 변기 제조 공장에서 일했다. 버디는 1970년대에 미시시피주에 하나뿐이던 폐업한 소닉 매장을 다시 열었고, 현재는 3개 주에 100개가 넘는 드라이브인 매장을 소유하고 있다. 그의 식당 매출과 임대 수입은 1억 5000만 달러가 넘는다. 미시시피주 잭슨과 미시시피주 전체에서 매우 중요한 고용주인 버디는 개인 항공기를 이용해 업무가 집중된 지역들을 오간다. 버디는 2015년경에 바비 메리트의 뒤를 이어 프랜차이즈 자문 위원회 의장이 되었다. 그는 잭슨에서 하는 관련 사업에 딸과 아내를 참여시키고 있다. 버디와 나는 오랫동안 가깝게 일했고, 그보다 많은 변화와 발전, 성숙, 성공을 겪은 운영자는 드물다. 처음에는 순수한 사업 관계였던 우리 사이는 '엄한 사랑'의 시기를 거쳐 이제 상호 존중과 성공의 관계로 발전했다.

내가 소닉에서 처음 채용한 두 사람은 빌 다이크(1985년)와 로나 애쉬비(1986년)였다. 빌은 변호사로 입사했고 로나는 법률 보조원이었다. 그들은 유능하고 헌신적이며 전문적인 직원이었다. 2018년에 내가 퇴사를 선언했을 때, 고참 직원이 된 두 사람이 회의에 참석해서 새로운 발전 계획을 경청하는 모습을 보니 가슴이 아프기도 하고 감동적이기도 했다. 이 두 사람과 30년 이상 함께 일하게 되어 영광이었고 정말 즐거웠다.

27년 동안 내 비서로 일한 르네 채프먼은 성인이 된 후 대부분의 시간을 나와 함께 하면서 온갖 좋은 일과 나쁜 일을 다 겪었다! 그녀는 내가 이룬 모든 일에서 큰 부분을 차지했고, 그녀의 충성심과 지지, 끝없는 혁신적인 도움은 영원히 감사하게 생각할 것이다.

브렌트 콜에 대한 감사의 마음은 한없이 깊고도 넓다. 그는 이 책을 구상하는 데 도움을 줬을 뿐만 아니라, 내용을 고민하고 초안을 작성하고 계속 검토하는 과정도 도와줬다. 그는 어느 모로 보나 이 과정을 함께 해준 파트너였으며, 그와 함께 일하는 시간은 정말 즐거웠다.

언급해야 할 사람들이 너무도 많지만, 여기에서는 일단 몇 명에게만 감사를 전하겠다. 진 레인볼트는 소닉 설립자인 트로이 스미스와 나를 위해 40년 동안 다양한 서비스를 제공해줬다. 30년 넘게 소닉 이사회에서 일해온 캐시 테일러의 오랜 우정과 항상 기꺼이 내 말을 경청하고 현명한 조언을 해준 것에 감사한다. 래리 니콜스는 이사회에서 일하면서 이사회 지배 구조를 확립하는 데 도움을 줬다. 스콧 매클레인은 다층적인 성장 전략의 핵심을 고안했다. 그 외에도 감사해야 할 분들이 정말 많다!

무엇보다 아내 레슬리와 두 아들 스튜어트와 베넷에게 가장 큰 사랑과 감사의 마음을 전한다.

내가 어떤 시도를 하건, 레슬리는 언제나 한결같은 조언자이자 지지자이자 파트너였다. 어쩌면 그녀는 때때로 이런 사실을 원통하게 여길지도 모른다! 몇몇 사람들은 내가 그들에게 해준 조언이 원래 레슬리의 생각에서 나온 것이고, 그녀가 항상 나를 더 나은 길로 인도하면서 걷던 길도 다시 생각하게 한다는 걸 알면 놀랄지도 모른다. CEO 자리는 외로운 자리일 수도 있다. 하지만 내 옆에는 항상 나를 가장 소중하게 여기면서 내 경청 본능이 제대로 발휘되지 않을 때 자신의 관점을 전달해주는 파트너가 있었기에, 내여정은 항상 원활하게 진행되었다. 오클라호마 출신의 작곡가 지미 웹이 '위치타 라인맨'이라는 쓸쓸한 곡에서 자기 애인에게 얘기한 것처럼. "나는 당신을 원하는 것 이상으로 당신이 필요하고, 항상 당신을 원합니다."

내가 소닉에 입사했을 때 레슬리와 나는 20대였고 아직 아이가 없었다. 2018년에 회사를 떠날 때 우리 두 아들의 나이는 20대 후반과 30대 초반으로, 우리가 예전에 회사 생활을 시작하던 무렵의 나이와 비슷했다. 아들들은 젊은 아빠였던 내가 자기중심적인 사고에서 벗어나 새로운 시선으로 세상을 바라보고, 그들이 원하는 인생길을 걸어가는 모습을 보면서 기쁨과 새로운 활력을 느끼게 해주는 등 내 인생에 가장 큰 풍요로움을 더해주었다. 이들은 그들 세대가 용기를 가지고 헌신하는 태도로 삶의 요구에 부응할 것이라는 낙관적인 생각을 안겨준다.

부모님에 대해서는 많은 생각이 떠오르지만, 인생의 이 시점쯤 되자 그런 생각을 더 간결하게 정리할 수 있게 되었다. 음악, 정치, 역사에 대한 사랑은 부모님에게 물려받은 것인데, 지금도 매일같이 나의 팔레트에 색을 더한다. 하지만 다른 어떤 특성보다 내 안에 더 조용하고 깊게 배어 있는 건 그분들이 물려준 끈질긴 인내심이다. 두 분은 분명히 이런 특성을 공유하고 있었고, 만약 그게 내 DNA에 새겨져 있지 않다면 관찰과 주장을 통해 얻은 교훈일 것이다.

내 가족은 지금까지 나의 토대가 되어줬다. 이건 아무리 강조해
도 지나치지 않은 사실이다. 나는 그들에게 모든 걸 빚졌다.

1.   Linda W. Reese, "Clara Luper (1923–2011)," accessed November 14, 2019, https://blackpast.org/aaw/luper-\clara-1923.

2.   "Bohanon, Luther Lee," in *Encyclopedia of Oklahoma History and Culture*, accessed January 6, 2020, http://www.okhistory.org/publications/enc/entry.php?entry=BO004.

3.   History.com editors, "George S. Patton," History.com, November 9, 2009, https://www.history.com/topics/worldwar- ii/george-smith-patton.

4.   Louisa Sheward, Jennifer Hunt, Suzanne Hagen, Margaret Macleod, and Jane Ball, "The Relationship Between UK Hospital Nurse Staffing and Emotional Exhaustion and Job issatisfaction," *Journal of Nursing Management13*, no. 1 (2005): 51–60, https://doi.org/10.1111/j.1365–2834.2004.00460.x.

5.   Jim Edwards, "Check Out the Insane Lengths Zappos Customer Service Reps Will Go To," *Business Insider*, January 9, 2012, http://www.businessinsider.com/zappos-customer-service-crm-2012-1.

6.   Daniel Kreps, "Walter Becker, Steely Dan Co-Founder, Dead at 67," *Rolling Stone*, June 25, 018, https://www.rollingstone.com/music/music-news/walter-becker-steely-danco-founder-

dead-at-67–127755/.

7.   Eddi Fiegel, *Dream a Little Dream of Me: The Life of "Mama" Cass Elliot* (London: Sidgwick & Jackson, 2005).

8.   Fred Schruers, *Billy Joel: The Definitive Biography* (New York: Three Rivers Press, 2015), pp. 186, 187.

9.   Sapna Maheshwari, "The Delicate Dance of a Progressive C.E.O. in the Trump Era," *New York Times*, January 15, 2018, https://www.nytimes.com/2018/01/15/business/media/sonic-drive-in-clifford-hudson.html.

10.   "Mind the Workplace: Workplace Wellness Report" Mental Health America, accessed January 6, 2020, https://www. mhanational.org/research-reports/mind-workplace-workplace-wellness-report.

11.   "20 Things Sir Richard Branson Has Done That Prove He's the Spirit of Adventure in Human Form," Mpora, accessed January 6, 2020, https://mpora.com/outdoors/outsiders/things-sir-richard-branson-done-prove-hes-spirit-adventure-human-form.

12.   Ruthumohnews, "Richard Branson Funded His First Business at 16 for Less than $2,000," CNBC, August 28, 2018, https://www.cnbc.com/2018/08/28/richard-bransonlaunched-his-first-business-for-less-than-2000.html.

13.   "Bob Kulhan," Business Improvisations, accessed January 6, 2020, http://businessimprov.com/instructors/bob-kulhan/.

14.   Frank Thomas and Ollie Johnston, *Disney Animation: The Illusion of Life* (New York: Abbeville Press, 1984).

15.   Adela C. Y. Lee and Silkroad Foundation, "Marco Polo

and His Travels," accessed January 6, 2020, http://www.
silkroadfoundation.org/artl/marcopolo.shtml.

16.   "The Journeys of Marco Polo and Their Impact,"
       Encyclopedia.com, December 27, 2019, https://www.
       encyclopedia.com/science/encyclopedias-almanacs-
       transcripts-and-maps/journeys-marco-polo-and-their-impact.

17.   A. Pentland and N. Eagle, MIT Media Lab, September 17,
       2006.

18.   Marc Ferro, *Nicholas II: Last of the Tsars* (New York: Oxford
       University Press, 1994).

19.   Orlando Figes, *A Peoples Tragedy: The Russian Revolution*
       (London: Bodley Head, 2017).

20.   "Harriet Williams Russell Strong," Wikipedia, December
       23, 2019, https://en.wikipedia.org/wiki/Harriet_Williams_
       Russell_Strong.

21.   Susan Fourtané, "51 Female Inventors and Their Inventions
       That Changed the World and Impacted the History in a
       Revolutionary Way," Interesting Engineering, February 27,
       2019, https://interestingengineering.com/female-inventors-
       and-their-inventions-that-changed-the-world-andimpacted-
       the-history-in-a-revolutionary-way.

22.   Joan Hibler, "Reed Hastings," Encyclopaedia Britannica,
       October 4, 2019, https://www.britannica.com/biography/
       Reed-Hastings.

23.   Kinsey Grant, "Why Netflix CEO Reed Hastings Is a Genius—
       Stock Market—Business News, Market Data, Stock Analysis,"
       TheStreet, November 3, 2017, https://www. thestreet.com/

story/14368670/1/why-netflix-ceo-reedhastings-is-a-genius.
html.

24. James Gill, "What's Next for Netflix? 12 Important Details
We've Learned About the Future of On Demand," Radio
Times, accessed January 6, 2020, https://www.radiotimes.
com/news/2017–04–21/whats-next-for-netflix-12-important-
details-weve-learned-about-the-future-of-on-demand/.

25. "10 of Benjamin Franklin's Lesser-Known Feats of
Awesomeness," Mental Floss, January 17, 2018, http://
mentalfloss.com/article/29762/10-ben-franklins-lesser-known-
feats-awesomeness.

26. "Benjamin Franklin," Biography, Engineering and Technology
History, Wiki, accessed January 6, 2020, https:// ethw.org/
Benjamin_Franklin.

27. Nolan Moore, "10 Most Outrageous Things Benjamin
Franklin Ever Did," Listverse, June 6, 2019, https://listverse.
com/2014/11/20/10-most-outrageous-things-benjamin-
franklin-ever-did/.

28. Michael Levy, "Dean Smith.," Encyclopaedia Britannica, May
20, 2019, https://www.britannica.com/biography/ Dean-
Smith.

29. Carsten Tams, "Bye-Bye, Heroic Leadership. Here Comes
Shared Leadership," Forbes, September 10, 2019, https://www.
forbes.com/sites/carstentams/2018/03/09/bye-bye-heroic-
leadership-here-come-shared-leader-ship/#583b41442c67.

30. "Adlai E. Stevenson," United States History, accessed January
6, 2020, https://www.u-s-history.com/pages/h1760. html.

31. Michael Esterman, Sarah K. Noonan, Monica Rosenberg, and Joseph DeGutis, "In the Zone or Zoning Out? Tracking Behavioral and Neural Fluctuations During Sustained Attention," Oxford Academic, August 31, 2012, https://academic.oup.com/cercor/article/23/11/2712/303412.

32. Jackson G. Lu, Modupe Akinola, and Malia F. Mason, "'Switching On' Creativity: Task Switching Can Increase Creativity by Reducing Cognitive Fixation," Organizational Behavior and Human Decision Processes, February 1, 2017, https://www.sciencedirect.com/science/article/abs/ pii/S074959781630108X.

옮긴이 박선령

세종대학교 영어영문학과를 졸업하고 MBC방송문화원 영상번역과정을 수료했다. 현재 출판번역 에이전시 베네트랜스에서 전속 번역가로 활동 중이다. 옮긴 책으로는 『업스트림』『타이탄의 도구들』『지금 하지 않으면 언제 하겠는가』『최고들은 왜 심플하게 일하는가』『고성장 기업의 7가지 비밀』등이 있다.

리더가 다 잘할 필요는 없다

초판 1쇄 발행 2021년 12월 28일
초판 2쇄 발행 2022년 1월 25일

지은이 클리퍼드 허드슨 **옮긴이** 박선령

발행인 이재진 **단행본사업본부장** 신동해
편집2그룹 편집장 김경림 **책임편집** 김수진 **디자인** 데시그
마케팅 이화종 이인국 **홍보** 최새롬 권영선 최지은
국제업무 김은정 **제작** 정석훈

브랜드 갤리온
주소 경기도 파주시 회동길 20
문의전화 031-956-7213(편집) 031-956-7089(마케팅)
홈페이지 www.wjbooks.co.kr
페이스북 www.facebook.com/wjbook
포스트 post.naver.com/wj_booking

발행처 (주)웅진씽크빅
출판신고 1980년 3월 29일 제406-2007-000046호

한국어판 출판권 ⓒ 웅진씽크빅, 2021
ISBN 978-89-01-25543-9 03320

※ 갤리온은 ㈜웅진씽크빅 단행본사업본부의 브랜드입니다.
※ 책값은 뒤표지에 있습니다.
※ 잘못된 책은 구입하신 곳에서 바꾸어드립니다.